AF393291

Eva DIA

Iron
un combat pour La vie

Biographie

Édition : BoD · Books on Demand, 31 avenue Saint-Rémy, 57600 Forbach, bod@bod.fr
Impression : Libri Plureos GmbH, Friedensallee 273, 22763 Hamburg (Allemagne)
ISBN : 978-2-8106-2490-4
Dépôt légal : mai 2025
Création de couverture : Eva Dia / Lhattie Haniel
Photographie de couverture : Emilie Marlier - KOPELY Photographie

Iron

un combat pour La vie

Avant de commencer à lire cet ouvrage, je tiens à préciser que tout ce que je décris ici est basé sur mon expérience personnelle. Concernant les aspects médicaux, il s'agit de mon point de vue et en aucun cas d'une procédure obligatoire à suivre si vous vous retrouvez dans une situation similaire.

En outre, je n'incrimine personne dans ce livre et je n'ai aucune intention de vexer ou d'offenser qui que ce soit. Ce livre a été écrit en toute bienveillance dans le seul but de partager une expérience qui, je l'espère, pourra aider d'autres personnes et leurs animaux.

Préface

Je connais Eva depuis 8 ans. Qui dit Eva, dit Iron, indissociables à la vie comme à la scène. Car oui, Iron n'est pas qu'un chien. C'est une égérie. L'égérie d'une cause contre la discrimination, contre une discrimination qui date de 1999. À l'époque de cette loi, je n'avais que 9 ans. Et pourtant je m'en souviens très bien. Passionné de chien depuis ma plus tendre enfance, je passais mon temps dans l'élevage de chien à côté de chez mes grands-parents. C'était un élevage de molosses : Rottweiler, American-Staff, Cane Corso, Boerbull, Thai-Ridgeback, Fila Brasileiro… J'ai grandi avec ces molosses aux cœurs si tendres. Ils m'ont appris qui ils étaient et m'ont définitivement fait aimer les chiens. Les médias et la loi les ont cloués au pilori. Ils sont devenus des monstres, des parias. Les gens s'en méfient et encore près de 30 ans après cette stupide loi. Avant de rencontrer Eva & Iron à la Wamiz Run, je connaissais leur association Gueules d'Anges ! Quelle belle idée ! On en a fait ensemble… Les médias et la communication étant mon quotidien, j'ai souvent pu aider Eva & Iron pour les inviter sur un plateau, dans un reportage… pour parler de leur combat.

Nous nous sommes toujours soutenus. Et, ils ont fait un sacré boulot tous les deux. Évidemment, il y a une merveilleuse équipe derrière eux, mais publiquement, ils sont identifiés pour ce juste combat.

Et puis Iron est tombé malade, gravement malade. S'il n'était pas arrivé dans le foyer d'Eva, il serait mort. Eva a remué ciel et terre pour sauver Iron. Iron petit Patapon comme j'aime l'appeler. *Je suis très intime avec lui, il adore m'éructer au visage.* Dans ce sublime ouvrage qui raconte leur combat contre les discriminations, vous allez découvrir un autre combat, mais qui est finalement le même, un combat pour la vie. D'où le fait que ce manuscrit porte si bien son nom. Un parcours du combattant s'est mis en place pour le sauver, les voyages en Italie, la cagnotte et le pouvoir de la communauté. Les réseaux sociaux sont parfois pleins de magie. Un combat pour la vie c'est la force du lien entre l'humain et l'animal, entre Eva & Iron. Eva lui rend un bouleversant hommage, Iron symbole de résilience et d'inspiration pour ce qu'il représente contre les discriminations.

Je vous souhaite autant de bonheur que moi à dévorer cet ouvrage. Et, je souhaite longue vie à ce binôme que j'aime tant.

Yoann Latouche
Chroniqueur TV et Fondateur de l'Agence YLG
Mais surtout, Ami des animaux

Prologue

Après avoir dû faire face aux jugements et aux peurs liées à la race de mon chien, un American Staffordshire Terrier, j'ai dû affronter un défi encore plus grand : sauver Iron, d'une tumeur cérébrale qui le condamnait. Ce récit vous plonge dans notre voyage en Italie, où des traitements innovants ont été tentés pour offrir à Iron une chance de survie. Malgré des pronostics alarmants et une condamnation à mort immédiate, Iron a miraculeusement vaincu la maladie, prouvant qu'il est un véritable combattant.

C'est l'histoire émouvante de mon chien Iron.

Ce récit a un réel intérêt, car il a pu sauver de nombreuses vies.

Iron est un American Staffordshire Terrier et, dans ce livre, je raconte les multiples combats menés pour lui sauver la vie. Je partage son parcours pour déconstruire les préjugés entourant cette race souvent stigmatisée, et comment Iron a lui-même mené une lutte acharnée contre une tumeur au cerveau qui semblait insurmontable.

Au fil des pages, je partage les moments forts de cette aventure, depuis le diagnostic qui semblait signer la fin, jusqu'à la rémission inattendue qui a sauvé Iron.

Le livre n'est pas seulement l'histoire d'un chien, mais celle d'une bataille pour la vie, contre les idées reçues et les obstacles, montrant la force du lien entre un humain et son chien.

Épisode 1

La rencontre

« Quand je serais grande, j'aurais un Amstaff »

Le 20 avril 2013, Iron Blue Ipper est né. C'est un magnifique American Staffordshire Terrier bleu. Vous savez, cette race qui fait peur, souvent confondue à tort avec le redouté « Pitbull », victime de préjugés et de l'ignorance humaine. Une race de chien n'est jamais « dangereuse » en elle-même ; c'est l'éducation que l'homme lui donne qui façonne son comportement. Avant de porter un jugement aussi tranché, il faut toujours observer qui se trouve de l'autre côté de la laisse.

Après des années à scruter des photos de cette race, à analyser les différents pelages et marquages, j'avais une image bien précise du chien de mes rêves.

Iron est le chien parfait, physiquement. Dès sa naissance, il arborait un superbe pelage gris clair, que l'on nomme « bleu » pour décrire cette teinte particulière. Ses pattes étaient entièrement blanches, d'une taille impressionnante par rapport au reste de son corps. La robustesse de ses pattes laissait présager qu'il deviendrait un chien très costaud. Et pour la petite touche finale, le bout de sa queue était paré de blanc, comme s'il avait été à peine trempé dans de la peinture. Il était tout simplement parfait, exactement comme je me l'étais imaginé. Si j'avais dû le décrire ou le dessiner, je l'aurais fait ainsi. Ce que j'ignorais à l'époque, c'est à quel point il allait bouleverser le cours de ma vie.

Mon rêve de petite fille était devenu réalité… et bien plus encore…

Après plusieurs déceptions et arnaques dans ma recherche du compagnon idéal, je suis tombée sur une annonce en ligne. Les photos n'étaient pas très engageantes, floues même, mais sur l'une d'elles, je l'ai aperçu. C'était le chien que j'avais imaginé. Sans hésiter, j'ai immédiatement contacté par téléphone l'annonceur. À l'autre bout du fil, la dame qui décroche semblait surprise, car l'annonce venait à peine d'être publiée. Je lui ai demandé si le chiot était encore disponible. Logiquement, elle m'a répondu que oui, mais les réservations ne se faisaient pas par téléphone. Je lui ai donc demandé si je pouvais venir le voir.

Ce que je n'avais pas anticipé, c'était que ce petit être se trouvait à plus de 500 km de chez moi. Mais, de peur de passer à côté de cette chance — car je savais que c'était lui —, j'ai rapidement organisé le voyage avec mon conjoint de l'époque. Nous sommes donc descendus dans le centre de la France pour rencontrer Iron en personne, car jusque-là je ne l'avais vu qu'en photo.

La première fois que j'ai vu Iron, il n'avait que quelques heures.

Je mentirais si je disais qu'il y a eu une connexion immédiate. Ce n'était pas le cas, il était encore bien trop petit pour ça. Je me souviens aussi avoir hésité avec l'un de ses frères, qui avait un marquage amusant. Iron n'était ni le plus « gros » ni le plus « beau » de la portée. Aux yeux des éleveurs, ce n'était pas forcément le chiot le plus « prometteur ». Mais au fond, pourquoi hésiter alors que c'était Iron que je voulais dès le départ.

Je suis donc restée fidèle à mon choix initial et je l'ai réservé.

Les deux mois qui ont suivi ont été interminables, tant j'avais hâte d'accueillir cette petite boule de poils dans ma vie. Je réclamais des photos aux éleveurs tous les jours. À l'époque, l'échange d'images ou l'accès aux réseaux sociaux n'étaient pas aussi simples et aussi fluides qu'aujourd'hui, et je devais me contenter de quelques clichés flous. Malgré tout, il était déjà la star de mon fond d'écran. Fin juin, nous sommes retournés le chercher, cette fois accompagnés d'un couple qui adoptait l'un de ses frères. Une bonne idée pour partager ce long trajet, mais aussi pour garder un lien avec la famille d'Iron.

À notre arrivée, je n'ai pas pu retenir mes larmes en le voyant. Il avait tellement grandi, avec ses énormes pattes blanches. Il était magnifique. J'avais imaginé nos retrouvailles des milliers de fois, comme dans les films, où Iron courrait vers moi au ralenti. Mais quand l'éleveur a ouvert la porte, cette scène rêvée ne s'est pas du tout produite. C'est à peine s'il a levé les yeux vers nous. Il a continué à mâchouiller un morceau de couverture pendant que tous les autres chiots venaient nous accueillir. Iron n'était effectivement ni le plus grand ni le plus impressionnant de la portée.

Je me suis même posé des questions en voyant l'autre chiot avec lequel j'avais hésité, venir vers moi immédiatement. Avais-je fait le bon choix ? Sur le trajet du retour, le frère d'Iron était tout excité, jouant avec ses nouveaux maîtres, tandis qu'Iron pleurait… J'étais dévastée, persuadée qu'il ne m'aimait pas et ne m'aimerait jamais.

C'est donc le 26 juin 2013 qu'Iron est entré dans ma vie.

À l'époque, j'avais une véritable angoisse : serais-je une bonne maîtresse ? Pourrais-je lui offrir la vie dont il avait besoin, la famille qu'il méritait ? Et s'il ne m'aimait pas ?

J'ai toujours eu des chiens. J'ai grandi entourée de compagnons à quatre pattes, mais celui-là, c'était différent. C'était MON chien. Avec le recul, cette pensée semble un peu possessive, mais j'avais besoin de tisser un lien profond avec un être que je n'abandonnerais jamais.

Ma mère, bien que passionnée par les animaux et surtout les chiens, avait comme beaucoup de gens des préjugés sur cette race. Nous avions eu toutes sortes de chiens à la maison : boxer, labrador, cocker… Mais moi, c'était cette race-là qui me fascinait. À ce moment-là, je ne réalisais pas encore à quel point elle deviendrait mon combat dans les années à venir. J'étais déterminée à comprendre et à dépasser les stéréotypes.

Depuis toujours, je ne supporte pas l'injustice. Même enfant, je me rapprochais des élèves mis à l'écart. La différence m'a toujours attirée, sans doute parce que je me suis souvent sentie différente moi-même. Adopter Iron représentait une immense responsabilité, surtout à 23 ans, mais j'avais toujours été d'un tempérament responsable. J'étais de ces rares enfants qui, après avoir réclamé un animal à leurs parents, s'en occupaient vraiment.

Trouver un prénom pour Iron a été ma première vraie responsabilité. Bien qu'il n'ait pas été très original pour son année, son nom est vite devenu une évidence. C'était l'année des « I » et les options n'étaient pas nombreuses. Iron *signifie* « fer » en anglais, un métal fort et solide, tout comme lui, avec son pelage gris qui rappelait une fois encore le matériau. Son prénom s'est imposé de lui-même de toute évidence.

Mes craintes se sont rapidement dissipées et, très vite, Iron et moi sommes devenus inséparables. Notre relation était unique, presque fusionnelle, comme si nous étions l'équilibre l'un de l'autre. Nous n'avions pas besoin de démonstrations d'affection constantes, mais nous étions toujours à proximité l'un de l'autre, occupant mutuellement une place centrale. Il était mon ombre, ou plutôt une extension de moi, comme s'il avait toujours été là.

Je pense que cette connexion était liée à un manque dans mon développement personnel, ancré dans des traumatismes de mon enfance. J'ai énormément projeté sur Iron et, d'une certaine façon, je l'ai surprotégé. Est-ce un bien ou un mal ? Mais il a façonné son caractère en s'adaptant à ma personnalité. Il s'est ajusté à mes besoins, mes défauts et mes qualités devenant un véritable reflet de moi-même…

Épisode 2
Du rêve à la réalité

Iron m'accompagnait presque partout, ce qui faisait de lui un compagnon de chaque instant en renforçant sa sociabilité. J'étais immensément fière de lui et il devenait, à mes yeux, bien plus qu'un simple chien : il était mon partenaire de vie.

Avec le recul, je me rends compte que je l'ai probablement un peu trop materné, je le voyais si fragile et vulnérable. Il se faisait mal tout le temps, se faisait bousculer par beaucoup d'autres chiens dans les parcs canins ou brutaliser par son frère avec qui nous avions gardé contact. Je me comportais un peu comme une mère surprotectrice avec son enfant. Ce n'est qu'avec le temps que j'ai réalisé qu'Iron n'était pas forcément aussi fragile que je le croyais. En réalité, il était un chien hypersensible, mais je n'ai compris cette particularité que beaucoup plus tard, en me documentant sur le sujet de la sensibilité canine.

Au début, tout semblait idyllique, mais rapidement les choses ont pris une tournure plus complexe. J'ai dû faire face à une réalité que je n'avais pas anticipée : celle des préjugés et des contraintes liées à la possession d'un chien de catégorie, classé injustement par la loi. En 1999, le gouvernement français a instauré une législation visant à classifier certains chiens en deux catégories, basée sur des critères contestables qui, à l'époque, les qualifiaient de potentiellement dangereux. La catégorie 1 englobait les chiens dits « d'attaque » et la catégorie 2, ceux dits « de défense ». C'était une classification réductrice et qui, selon moi, était inadaptée, ne prenant absolument pas en compte le bien-être animal ni l'individualité de chaque chien. Je reviendrai d'ailleurs plus en détail sur ce sujet dans un autre épisode.

Iron avait environ six mois lorsque j'ai véritablement commencé à percevoir la bêtise humaine, sous toutes ses formes, et la manière dont les préjugés à l'égard des chiens dits « dangereux » pouvaient se manifester. Personnellement, je n'avais jamais ressenti de crainte face à ces races de chiens, mais je n'avais pas prévu l'ampleur des réactions négatives et parfois absurdes qui suscitaient la simple présence de mon chien. C'était à la fois frustrant et déroutant. Nous étions passés d'un « Il est trop mignon ! » lancé avec enthousiasme, à des remarques bien plus dures et injustes telles que : « Ces chiens sont méchants », « ils sont agressifs envers les autres chiens et les humains », « Un jour, il vous tuera », ou encore « Ces sales races ne devraient pas exister, il faut tous les piquer ! », et j'en passe.

Certains comportements allaient même au-delà des simples paroles. Un jour, une femme, paniquée à la vue d'Iron, s'est mise en danger pour éviter de le croiser. À chaque promenade, les gens changeaient de trottoir à notre approche. On nous fermait les portes de l'immeuble au nez pour éviter que l'on soit dans la même pièce qu'eux malgré un chien tenu en laisse. À cette époque, nous vivions en appartement et il n'était pas rare que nos voisins prennent un autre ascenseur pour éviter d'être dans le même espace que nous, ou qu'ils nous claquent la porte du hall d'entrée au visage, comme si nous étions devenus indésirables. Ce rejet, que nous subissions de la part des autres, était une forme de stigmatisation difficile à vivre au quotidien.

Je suis de nature empathique, j'essaye toujours de comprendre les réactions des autres sans les juger trop rapidement. Je ne blâme pas la peur que certains peuvent ressentir face à ces chiens catégorisés. La peur est un sentiment légitime, souvent irrationnel, mais il est important de souligner la dangerosité des comportements qu'elle peut engendrer. Nous vivons dans un monde où les chiens sont omniprésents, faisant partie intégrante de notre société. Il serait peut-être temps de prendre conscience de cette réalité et d'apprendre aux enfants, dès l'école, les bases du comportement canin. À mon sens, cela serait bien plus utile que certaines matières que nous n'utilisons pas pour la majeure partie d'entre nous.

Les préjugés qui pèsent sur ces races de chiens sont en grande partie dus à des individus irresponsables qui, par le passé, ont utilisé ces animaux pour des pratiques barbares, comme les combats de chiens. Ces personnes sont les véritables coupables, celles qui ont sali la réputation de ces races en les dressant à attaquer ou en négligeant leur éducation. Certains propriétaires considèrent leur chien comme un simple objet, sans aucune responsabilité vis-à-vis de leur bien-être ou de leur comportement. Mais il est essentiel de comprendre que ce n'est jamais la faute du chien en lui-même. Aucune race ne peut être définie comme dangereuse ; tout dépend de son éducation ou de son environnement.

Outre ces propriétaires irresponsables, il existe un autre acteur majeur dans cette stigmatisation : les médias. Les journaux, les chaînes de télévision, les sites internet… Tous sont à la recherche de l'histoire sensationnelle qui fera vendre. Et quoi de plus sensationnel qu'un récit macabre impliquant un chien « dangereux », souvent un pitbull ou un autre chien de catégorie, dans une attaque violente ? Ce genre d'histoires capte l'attention et renforce les idées reçues. Pourtant, lorsque l'agression implique un chien d'une autre race, comme un cocker ou un labrador, l'affaire est souvent étouffée ou présentée sous un angle bien plus discret. Parfois même, des articles illustrent des faits concernant un chien non catégorisé avec une photo de pitbull, comme pour accentuer le drame. C'est ainsi que naissent des idées reçues et des préjugés, qui se propagent rapidement dans l'imaginaire collectif.

En fin de compte, les médias jouent un rôle central dans la manière dont les gens perçoivent ces chiens. Ils façonnent une opinion publique qui se base souvent sur des informations tronquées ou biaisées. Ce phénomène renforce les stéréotypes et continue de marginaliser certaines races, pourtant aussi dignes d'amour et de respect que n'importe quel autre chien.

Épisode 3
Le déclic

Automne 2013. Par un après-midi étonnamment doux, nous nous promenions en forêt avec un couple d'amis et leur chien, de la même race qu'Iron. Cette forêt, habituellement paisible, était fréquentée par toutes sortes de personnes : des familles avec enfants, des retraités se baladant tranquillement, des cyclistes filant sur les sentiers et même des cavaliers traversant les clairières à cheval. Tout semblait se dérouler sans encombre. Nos chiens trottinaient joyeusement à quelques mètres de nous, curieux de tout ce qui les entourait.

Alors que nous marchions, nous avons croisé une famille qui venait dans notre direction. Consciente que certaines personnes peuvent ressentir de l'appréhension face à des chiens, notamment en présence de jeunes enfants, je suis toujours vigilante dans ce genre de situation. Même si je connais mon chien par cœur et que je sais qu'il ne représente aucun danger, je comprends que la peur des autres puisse exister. Une simple bousculade involontaire vers un enfant peut entraîner des conséquences, même si le geste n'est pas agressif. En tant que propriétaire responsable, je veille à éviter ce genre d'incidents. C'est pourquoi, par réflexe et par respect pour les autres promeneurs, je m'écarte systématiquement du chemin principal lorsque je vois des groupes avec des enfants ou d'autres chiens non tenus en laisse. Iron, parfaitement éduqué à ce qu'on appelle un « rappel » impeccable, revient aussitôt quand je l'appelle. C'est un aspect de son éducation que j'ai travaillé avec sérieux. Il me paraît essentiel de pouvoir avoir un contrôle sur les actions de son animal lorsqu'il est en liberté, chose que malheureusement beaucoup de gens n'arrivent pas à faire.

Ce jour-là, je m'écarte donc du sentier avec Iron, qui me suit docilement à travers les hautes herbes. J'aurais pu le tenir en laisse, c'est vrai. Après tout, la loi est claire : TOUS les chiens (quelle que soit leur race) doivent être attachés. Et Iron, en tant que chien de catégorie, aurait dû porter une muselière. Mais connaissant parfaitement son comportement, j'avais décidé de lui offrir quelques moments de liberté, loin des contraintes de la ville. J'en assumais la responsabilité, je connaissais la loi, mais je jugeais qu'il n'y avait aucun danger.

Alors que nous nous éloignons un peu du chemin, j'entends soudain des cris qui se rapprochent de nous. La famille, visiblement paniquée, se met à hurler dans notre direction. Deux adultes, sans doute les parents, s'avancent vers nous avec agressivité. Leur première phrase résonne encore dans ma tête : « Dégagez d'ici avec vos chiens tueurs ! Vous n'avez rien à faire ici ! Vous êtes hors-la-loi ! C'est invivable d'être entouré de racailles avec vos put*** de chiens, on ne peut même plus se promener en paix ! »

Les insultes pleuvaient, plus violentes les unes que les autres. Au départ, j'ai tenté de garder mon calme, d'expliquer que nos chiens étaient inoffensifs, que nous respections les autres promeneurs. Mais très vite, la situation a dégénéré. L'homme, hors de lui, s'est approché de moi avec une telle agressivité qu'il est allé jusqu'à appuyer son front contre le mien, me menaçant physiquement. Et, comme si cela ne suffisait pas, il a fini par m'insulter sur la couleur de ma peau… Un dérapage total, sans aucun rapport avec la situation.

Être jugée non seulement pour mon chien, mais aussi pour mes origines, c'était la goutte de trop. Le racisme s'était invité dans cette altercation, complètement hors de propos. Ma couleur de peau n'avait évidemment rien à voir avec la race de mon chien ou avec mon comportement ce jour-là. Mais ce monsieur n'en avait que faire. Pour lui, j'étais la cible idéale de ses préjugés et de sa haine. Nous étions clairement face à une démonstration de bêtise humaine, teintée de racisme.

Le plus ironique dans cette situation, c'est qu'alors que nous échangions des mots de plus en plus violents, les véritables protagonistes de cette histoire – Iron et son camarade – étaient tranquillement en train de renifler des fleurs à quelques mètres de là, totalement indifférents à la scène chaotique qui se déroulait devant eux. Les seuls êtres agressifs ce jour-là étaient indéniablement les humains.

Heureusement, des promeneurs qui passaient par là ont fini par intervenir pour tenter de calmer les esprits. Après quelques minutes, la tension est retombée et chacun a continué son chemin. Si seulement cette réaction avait eu lieu dès le début, cela nous aurait épargné bien des insultes et de l'énervement. Au lieu de cela, nous avons perdu un temps précieux dans une confrontation inutile.

Pourtant, cette rencontre désagréable n'a pas été vaine. Ce jour-là, j'ai pris une décision. J'ai réalisé que cela allait devenir mon combat. J'ai compris que je devrais me battre contre les préjugés qui entourent certains chiens, contre la peur irrationnelle que certaines personnes ont envers eux et contre le racisme latent qui se cache parfois derrière leurs accusations.

Je ne savais pas encore comment je pourrais faire changer les mentalités, mais une chose était claire : il fallait que je fasse quelque chose. Je devais défendre Iron, défendre cette race mal-aimée et je devais me battre pour que les gens arrêtent de juger sans comprendre. Ce jour-là, un nouveau chapitre de ma vie a commencé.

Épisode 4
Gueules d'Anges

J'ai toujours été un peu en décalage avec le monde qui m'entoure, aimant faire les choses à ma manière, sans suivre les sentiers tracés par les autres. Cette particularité, ce goût pour la différence, a peut-être contribué à mon attirance pour l'American Staffordshire Terrier. Dès mon plus jeune âge, les préjugés dont cette race était victime m'intriguaient profondément.

Je me souviens précisément d'un moment marquant dans ma vie : j'étais en CP et un jour, le grand frère d'une camarade de classe est venu la chercher avec son chien, un Amstaff. Alors que tous les autres enfants prenaient peur et s'éloignaient en courant, moi, fascinée, j'ai demandé si je pouvais le caresser. Je l'ai regardé droit dans les yeux et je lui ai dit, avec l'innocence d'une enfant : « Quand je serai grande, j'aurai un chien comme toi. » Il n'a sans doute pas compris, mais moi, j'étais sûre de mon choix. Je savais que, plus tard, c'est avec un chien comme ça que je partagerais ma vie. Évidemment, mes parents étaient farouchement contre cette idée. Ils refusaient que l'on adopte un chien de cette race. Ils faisaient partie des personnes qui avaient des a priori.

En parallèle, j'ai toujours été plongée dans l'univers artistique. Dès l'enfance, je dessinais, j'écrivais et, aujourd'hui, je réalise des films. Mon amour pour l'art m'a naturellement menée vers une carrière dans l'audiovisuel où je me suis épanouie en tant que réalisatrice. Mais mon engagement pour la cause animale a également toujours occupé une place centrale dans ma vie. J'ai été bénévole à la SPA (Société Protectrice des Animaux), j'ai participé à des séjours dans des refuges et me suis constamment investie pour le bien-être des animaux. Étant particulièrement sensible à tout ce qui peut toucher de près ou de loin à un animal, c'est donc tout naturellement que mon combat pour l'image des chiens de catégorie, comme l'Amstaff, s'est inscrit dans cette démarche.

J'avais par le passé réalisé des spots de prévention pour des associations comme la SPA ou fait des vidéos pour 30 millions d'amis. Réfléchissant activement comment faire changer le regard et tempérer les réactions agressives des gens face à ces chiens, j'ai alors eu une idée qui me semblait parfaitement logique : allier mon métier à mon combat.

J'ai décidé de réaliser un spot vidéo pour casser les stéréotypes et offrir une image positive de ces chiens souvent mal-aimés. À travers plusieurs scènes, j'ai voulu montrer des chiens de sauvetage, des chiens de thérapie dans les EHPAD ou les hôpitaux pour enfants, des chiens militaires, mais aussi, et surtout, de la complicité, de l'amour et de la tendresse. J'ai intitulé ce projet « Gueules d'Anges », un nom parfaitement adapté : une tête d'ange, mais une gueule qui dérange. C'était précisément cette dualité que je voulais explorer et montrer.

Le spot *Gueules d'Anges* a vu le jour en 2014. Ce projet a été bien plus qu'une simple vidéo : c'était une aventure humaine incroyable, tant par la richesse des rencontres que par les répercussions que cela a eues. Contre toute attente, le spot a rencontré un succès phénoménal. Des célébrités, des marques et des particuliers se sont mobilisés pour soutenir la cause. Une amie m'avait même suggéré de participer à un concours de jeunes talents, organisé par Carrefour et Jamel Debbouze, intitulé « GET UP, fais ton truc ». Au départ, j'ai pris son conseil à la légère, sans grande conviction. Elle avait découpé une petite annonce dans un journal que j'avais glissée dans mon sac, puis oubliée. Ce n'est que quelques semaines plus tard, en faisant du tri, que je suis retombée dessus, à deux jours de la clôture des inscriptions.

Après tout, pourquoi pas !

Sur un coup de tête, je me suis inscrite. Il fallait présenter son projet en quelques lignes, sélectionner un magasin Carrefour (chose que j'ai faite vraiment au hasard) et appeler les gens à voter pour son projet. C'est le genre de truc qui me mettait particulièrement mal à l'aise, vous savez quand sur les réseaux, les gens vous harcelaient pour voter pour tel ou tel concours…

J'ai donc laissé un peu mourir le projet… car en parallèle j'avais une cagnotte en ligne pour que les gens m'aident à financer ce spot vidéo. C'était à mes yeux trop redondant de demander une participation financière aux gens et de leur demander également de voter en parallèle. Puis, j'ai créé une page Facebook pour que les gens suivent l'avancée du projet. Une réelle communauté s'est alors créée sur les réseaux sociaux. J'avais mis le doigt sur une opportunité de réunir les gens virtuellement sur une cause qui les touchait particulièrement et au quotidien. À ma grande surprise, cela n'avait jamais été fait auparavant. Des personnes venant de partout en France et en Belgique nous rejoignaient sur la page et l'on discutait des stéréotypes que nous pouvions tous rencontrer et vivre avec nos chiens. Les sujets sur lesquels nous échangions principalement étaient sur nos balades, nos expériences avec les clubs canins ou encore sur la discrimination que nous rencontrions avec nos chiens, mais aussi et surtout nous aimions partager des anecdotes, des photos, des petites bêtises, car ce sont des races de chiens très rigolotes et très affectueuses. Coup du sort, je reçois un soir un appel du responsable de Carrefour d'Asnières. J'ai été très surprise de cet appel, car l'idée du concours m'était complètement sortie de l'esprit. Il m'a dit : « vous avez sélectionné mon Carrefour et je dois choisir un des projets, et j'ai été séduit par le vôtre ».

Le début de l'histoire était lancé.

Je n'y ai jamais cru, mais j'ai passé toutes les étapes de ce concours une par une et je suis arrivée finaliste. J'ai remporté un chèque d'une somme de 10.000 euros pour mon association et pour finir mon spot vidéo. Je n'aurais jamais imaginé que ce projet parlerait à autant de personnes ni qu'il me permettrait d'en arriver jusque-là. En allant plus loin, peut être que mon projet englobait la discrimination d'un point de vue plus général.

Le virtuel c'est formidable, mais en vrai c'est encore mieux ! En octobre 2014, nous avons organisé un grand rassemblement en forêt à côté du lac d'Achères. C'était Halloween et je voulais à la fois faire une opération coup de poing, mais ludique et positive. Je voulais réunir, monsieur et madame tout le monde, faire un événement canin, mais aussi familial. J'ai donc proposé de faire une balade en forêt à la rencontre des gens et nous avons déguisé nos chiens. Citrouilles, squelettes, super héros, toutes sortes de créatures plus mignonnes que terrifiantes étaient au rendez-vous. Nous étions plus de 70 humains et 70 chiens, tous déguisés, et les réactions des promeneurs ont été très positives. Les promeneurs étonnés et amusés s'arrêtaient pour nous parler et nous poser des questions. Tout le monde prenait son rôle très au sérieux. C'était un événement incroyable et qui a été relayé par de nombreux médias. Après l'énorme succès qu'a rencontré cette balade Halloween des *Gueules d'Anges*, nous voulions en faire plus. Faire ce type d'événement c'était sympathique, mais si l'on voulait le réitérer, il fallait que les choses soient faites dans les règles. À la suite de cela, j'ai décidé de créer une association et c'est ainsi que l'association *Gueules d'Anges* a vu le jour.

Iron, bien sûr, en est la mascotte. Le logo représente un chiot American Staffordshire Terrier, inspiré d'Iron quand il était petit, blotti entre les pattes d'un rottweiler, deux chiens de catégorie avec des ailes d'ange déployées autour d'eux. Ce logo symbolise à merveille notre combat : montrer que derrière ces apparences souvent jugées à tort, se cachent des créatures pleines de douceur et de loyauté.

Épisode 5
Le succès d'un grand combat

Au fil des années, nous avons eu l'occasion de participer à de nombreuses émissions de télévision, d'interventions à la radio, et d'interviews dans les plus grands magazines pour défendre et promouvoir les idées portées par *Gueules d'Anges*. Ce fut une expérience à la fois étrange et gratifiante de passer du rôle de spectateur à celui d'invité sur des plateaux d'émissions majeures. Me retrouver aux côtés de personnalités de renom, être conviée à des émissions légendaires comme « Vivement Dimanche », une émission présentée par le grand Michel Drucker, tout en sachant que des millions de personnes nous écoutaient et nous regardaient, cela avait quelque chose d'intimidant, mais surtout de profondément gratifiant. À travers cette expérience, j'ai eu la chance de rencontrer des gens formidables, tant sur le plan professionnel que sur le plan personnel.

Très rapidement, la cause que nous défendions a trouvé un écho immense, suivi par des milliers de personnes. Ce qui n'était au départ qu'une initiative personnelle, un projet humain à petite échelle, s'est transformé en une organisation structurée. J'ai dû apprendre à gérer une véritable équipe composée de personnes aux compétences diverses, réparties dans différents pôles de l'association. Notre structure grandissait, accueillant de plus en plus d'adhérents, et nous avons dû faire preuve à la fois de rigueur et de créativité pour mener à bien nos nombreuses actions en faveur de la protection animale.

Ce qui était, à l'origine, une simple association est devenu bien plus que cela : une communauté unie par un objectif commun et même, une FAMILLE ! Ensemble, nous partagions le même combat : montrer au monde que nos chiens, loin d'être une menace, étaient avant tout des compagnons aimants et fidèles. Ce n'était plus uniquement MON combat, mais celui de centaines de personnes toutes animées par la même passion et la même détermination à changer les mentalités.

Au fil du temps, Iron est devenu l'American Staffordshire Terrier le plus célèbre de France ! En parallèle, je documentais sa vie et nos actions sur les réseaux sociaux, et Iron, par sa prestance, a rapidement conquis un public plus large. Il m'accompagnait régulièrement lors de nos apparitions publiques et, grâce à son apparence atypique, il ne laissait personne indifférent. Avec son allure massive et sa musculature impressionnante – des épaules larges et des cuisses qui semblaient tout droit sorties d'une séance de bodybuilding –, Iron attirait tous les regards. Pourtant, derrière cette carrure imposante, il avait une gueule attendrissante. Sa grande tête contrastait avec ses petits yeux en forme d'amande tombant vers le bas, lui donnant un air de *Droopy*, le célèbre personnage de dessin animé. Depuis sa naissance, son regard reflète une douceur infinie.

La notoriété d'Iron ne faisait que croître et il ne fallut pas longtemps pour que nous recevions régulièrement des cadeaux de toutes sortes : friandises, colliers, jouets, coussins… Iron, devenu une véritable star, était également un chien extrêmement gâté. Dans la rue, il était souvent reconnu et les passants demandaient régulièrement à prendre des photos avec lui. Iron avait beau être la vedette, c'était bien souvent moi qui me retrouvais à prendre les clichés, car non, Iron ne gérait pas encore ses propres réseaux sociaux !

Grâce à cette popularité, le nombre de partenariats pour Iron et pour l'association augmentait de semaine en semaine. De nouvelles collaborations voyaient le jour, renforçant notre visibilité et nous permettant d'étendre encore plus notre action.

Au début de l'association, nous organisions de nombreux événements à thème, tels que la balade d'Halloween, qui a lancé le concept de *Gueules d'Anges*. Nous avons réitéré l'expérience avec une balade de Noël, où les chiens portaient des colliers lumineux et où nous récoltions des dons pour les refuges. Nous avons aussi organisé une balade de la Saint-Valentin nommée Opération Cupidon, durant laquelle nous distribuions des cœurs et des messages bienveillants aux passants. Ces événements se sont multipliés avec des *escape games*, des chasses au trésor, des défis sportifs, des shootings photo à thème et bien d'autres activités. Toutefois, l'association s'est progressivement orientée vers un autre axe fondamental : la médiation animale.

Aujourd'hui, l'une des principales missions de *Gueules d'Anges* est la médiation animale et Iron a été le premier chien d'intervention de l'association. Nous intervenons dans des écoles, des EHPAD, des structures administratives et médicalisées, apportant joie et réconfort à ceux qui en ont besoin. Nous partageons régulièrement ces moments sur les réseaux sociaux, afin de redorer l'image de ces races souvent mal perçues. Nos actions ont permis de réaliser de nombreuses victoires : apaiser des peurs, surmonter des phobies et surtout, apporter de l'amour et du bonheur à des centaines d'enfants, de malades, ou encore de personnes âgées. C'est pour nous tous, bénévoles de l'association, l'une des plus belles réussites.

À notre grande surprise, nous n'avons pas rencontré beaucoup de réticences face à l'idée que nos chiens d'intervention soient majoritairement des chiens dits « de catégorie ». Loin des habituels labradors ou bergers australiens, nos chiens, contre toute attente, étaient accueillis sans préjugés. Cela a été une immense source de joie pour nous, car cela prouvait que notre message commençait à être entendu : ces chiens, autrefois craints, étaient désormais perçus pour ce qu'ils sont réellement, des êtres remplis de douceur et de loyauté.

Ainsi, *Gueules d'Anges* continue d'évoluer, portée par une équipe passionnée et déterminée, toujours avec Iron à nos côtés, en tant que symbole de cette lutte contre les stéréotypes. Nous avons encore de nombreux défis à relever, mais chaque victoire, aussi petite soit-elle, nous rappelle pourquoi ce combat est si important.

Épisode 6
CUSHING - Le début de la maladie

En été 2021, Iron a commencé à montrer des symptômes inquiétants : il buvait beaucoup et urinait abondamment. Mes amis me faisaient remarquer qu'il prenait du poids de manière inhabituelle. Au début, je ne m'alarmais pas outre mesure, pensant qu'il pouvait s'agir d'une simple infection urinaire. Je consultais tout de même un vétérinaire, mais aucun signe d'infection n'a été décelé.

Je me souviens encore de ce mois d'août 2021, lors d'un shooting photo devant le château de Saint-Germain-en-Laye pour promouvoir les colliers et laisses de l'association *Gueules d'Anges*. C'est à ce moment-là que je réalisai pleinement à quel point Iron avait gonflé. Il avait perdu presque tous ses poils sur le ventre et son abdomen était distendu comme un gant en plastique gonflé d'eau. La métaphore peut paraître étrange, mais c'est vraiment ainsi qu'il me semblait être.

Durant cette même période, j'ai l'immense privilège d'être contacté par un graffeur renommé, surnommé Eaj, qui me propose de réaliser un portrait d'Iron et moi sur le mur de la gare de Puteaux. Ainsi, pendant deux semaines, Iron et moi apparaissons sur cinq mètres de mur, devant des milliers de passants.

Les semaines passaient et l'état d'Iron ne faisait qu'empirer : il grossissait de plus en plus, perdait davantage de poils et sa peau rosée devenait de plus en plus visible. Il continuait à boire des quantités impressionnantes d'eau et lorsqu'il urinait, cela durait plusieurs minutes. Inquiète, je l'ai ramené chez le vétérinaire, un spécialiste de confiance avec qui j'avais déjà collaboré autant avec l'association *Gueules d'Anges* qu'en tant que réalisatrice et qui avait diagnostiqué la dépression d'Iron quelques années auparavant, lui permettant de s'en remettre.

Après une série d'analyses de sang et une observation minutieuse des symptômes, le verdict est tombé : Iron souffrait de la maladie de Cushing, une maladie hormonale rare. En termes simples, il produisait trop de corticoïdes dans son sang, un excès d'une hormone appelée cortisol. Ce déséquilibre est causé par un dysfonctionnement des glandes surrénales, situées au-dessus des reins et contrôlées par l'hypophyse, une glande située dans le cerveau. Pour tenter de réguler son taux de cortisol, Iron a été mis sous un traitement appelé Vetoryl. Ce médicament, bien que nécessaire, représentait un coût énorme : environ 90 euros pour seulement dix jours de traitement. Entre les prises de sang régulières et son traitement coûteux, la situation devenait de plus en plus difficile à gérer financièrement, malgré l'assurance santé que j'avais souscrite dès qu'il était chiot. J'atteignis rapidement le plafond de remboursement et cela commençait à me mettre dans une situation financière très délicate.

Cependant, malgré les contraintes financières, il était impensable pour moi de ne pas assurer pour Iron. Il en était de ma responsabilité, jusqu'au bout. Tant pis pour mes économies. Avoir un chien implique aussi d'accepter et d'assumer les moments difficiles, comme la maladie, et je n'aurais jamais envisagé de le laisser souffrir. Hormis ces symptômes, Iron restait relativement en forme : il mangeait bien et avait encore de l'énergie, mais en raison de son âge — il avait alors plus de 8 ans — et de sa santé fragile, j'ai pris la décision de réduire sa participation aux événements de l'association. Je voulais préserver ses forces, tout en continuant à veiller à son bien-être.

Ce chapitre de notre vie marquait le début d'un long combat contre une maladie sournoise qui allait mettre à l'épreuve notre lien et sa capacité à surmonter l'adversité.

Épisode 7
CUSHING - Les complications

Après l'administration de son traitement, les soucis d'urine et de gonflement se sont rapidement atténués. Peu de temps après, une nécrose au niveau du cou est apparue. En l'espace de quelques jours, la nécrose prédominait le cou d'Iron. Je n'ai pas fait le rapprochement directement avec le médicament, car Iron avait été attaqué en balade par un autre chien. J'ai pensé à une petite infection. Puis j'ai mis en cause le produit antipuce et j'ai fini par changer complètement son alimentation. Pour moi, en aucun cas, le médicament ne pouvait en être la cause. Avec le recul, je m'en veux de ne pas avoir fait le rapprochement plus tôt.

L'état de la peau d'Iron empire, la nécrose part du sommet du crâne jusqu'en bas des omoplates. Le vétérinaire nous confirme que la maladie de Cushing prend le dessus et nous augmentons les doses de Vetoryl. Mais en trois mois, je ne vois pas de différence et l'infection prend de plus en plus d'ampleur.

Après plusieurs recommandations de consulter un dermatologue pour chiens, je prends rendez-vous avec le Docteur Prélaud. Il s'agit d'un dermatologue très réputé et conseillé par plusieurs vétérinaires. Il est l'un des fondateurs du CHV (centre hospitalier vétérinaire) Advetia, lieu où sont regroupés plusieurs spécialistes vétérinaires. Le Docteur Prélaud diagnostique chez Iron, une énorme calcinose cutanée à un stade bien avancée. La calcinose cutanée, ce sont des dépôts de calcium qui se logent dans la peau. Dans le cas d'Iron, l'infection part du haut du crâne jusqu'en bas des omoplates.

Les soins quotidiens étaient très durs, c'était un véritable cauchemar pour nous deux. Trois fois par jour, je devais laver et désinfecter Iron avec un shampoing spécial, je devais le frotter assez fort pour enlever les croûtes et éviter la surinfection. Iron était d'une patience et d'un calme extraordinaire. Il ne sait jamais plaint et ne m'a jamais montré aucun signe d'agressivité lié à cette infection et je lui ai prodigué ses soins très facilement. La douleur qu'il devait ressentir était indescriptible, sa peau le brûlait. Imaginez que je devais arracher chaque croûte sur une peau à vif. À l'époque, je partageais les soins avec les abonnées d'Iron sur les réseaux sociaux. Cela m'a apporté énormément de soutien et la force de continuer. Je me rappelle avoir craqué un soir sur un direct tellement j'étais à bout de force et que je ne voyais pas le bout de ce calvaire. Et de voir mon animal souffrir de la sorte, me déchirait profondément le cœur. Mais je savais qu'il me faisait confiance et dans ses yeux, je voyais qu'il comprenait que je faisais tout ça pour son bien. L'envers des réseaux sociaux peut parfois se montrer cruel. Car même si 95% des gens m'aidaient et me soutenaient dans cette dure épreuve, il y avait une autre partie que je qualifierai de malveillante. Principalement des jeunes filles, a priori même pas majeures. Elles se sont mises à créer des groupes pour critiquer Iron, l'insulter et se moquer de sa maladie, en espérant qu'il meurt. Je l'ai su quand plusieurs de mes abonnés m'ont transmis des captures d'écrans. La critique et la méchanceté étaient devenues tellement faciles ! Mais j'étais bien trop préoccupée à m'employer de sauver la vie de mon chien pour m'en soucier.

Le vétérinaire suivait notre cas très attentivement et nous nous tenions au courant tous les jours. Je lui envoyais des photos de l'état de la calcinose d'Iron quotidiennement. Nous augmentons les doses de Vetoryl, mais je ne vois pas de différence et l'état d'Iron ne s'améliorait malheureusement pas. Les frais liés aux médicaments et aux examens commençaient à s'élever plus que j'en avais les moyens. Le fait de ne plus bénéficier de mon assurance me mettait dans une situation plus que compliquée. Les échographies ne montraient rien sur les glandes surrénales, aucun signe de tumeur… Nous ne comprenions pas pourquoi il n'y avait pas d'évolution positive sur l'état de santé d'Iron malgré le traitement mis en place.

Noël 2021, une lueur d'espoir apparaît. Iron m'offre le beau cadeau d'avoir un regain d'énergie, mais cet épisode est de courte durée.

Janvier 2022, la nouvelle année commence et après avoir encore augmenté les doses de Vetoryl, l'état d'Iron s'aggrave soudainement. Il ne se nourrit plus et je dois batailler pour le sortir pour faire ses promenades.

Un dimanche après-midi très pluvieux, je devais aller en repérage pour la balade Cupidon des *Gueules d'Anges* à 15 minutes de mon domicile. Je prends souvent Iron avec moi pour lui faire une longue balade, mais Iron ne se lève pas. Accompagnée de Christophe, mon bénévole, j'écourte le repérage, car ma tête et surtout mon cœur sont ailleurs. Il m'accompagne à la maison. À l'époque, je vivais seule avec Iron et Prada (une chatte Maine Coon) dans un appartement au 3e étage sans ascenseur. Lorsque nous sommes rentrés, j'ai fondu en larmes, j'ai littéralement craqué. J'appelle mon vétérinaire, même si nous étions dimanche, je savais qu'il allait me répondre. Il me dit de l'emmener aux services urgences de son cabinet, la vétérinaire de garde m'y attendrait. Iron n'avait tellement plus de force que Christophe dû le porter jusqu'à ma voiture puis m'aida à l'installer.

Je le mets à côté de moi et l'enveloppe d'une petite couverture. Je passe récupérer ma sœur qui décide de m'accompagner, je l'avais eue quelques instants plus tôt au téléphone pour lui annoncer que j'emmenais d'urgence Iron chez le vétérinaire. Je ne savais pas ce qui m'attendait en allant chez le vétérinaire, je ne savais pas si c'était les derniers instants que je vivais avec lui ou s'il allait le sauver. Je me rappelle très bien que pendant tout le trajet, il me fixait comme s'il me disait adieu. Mais il n'avait pas le droit, il ne pouvait pas me laisser comme ça.

Arrivés là-bas, la vétérinaire de garde nous reçoit. Elle m'explique qu'elle va lui faire des examens et l'hospitaliser pour la nuit. Mon vétérinaire m'appellera demain pour me donner des nouvelles et son compte-rendu sur la situation. Le pronostic vital est engagé. Je ne sais pas en laissant mon chien, si ce n'est pas la dernière fois que je le vois. Il suit volontairement la vétérinaire jusqu'à la pièce d'hospitalisation, je reste à l'accueil et il me jette un dernier coup d'œil comme pour me dire : « ne t'inquiète pas, ça va aller ».

La nuit fut longue, je n'ai pas fermé l'œil de la nuit. Je décide d'appeler le cabinet dès l'ouverture. Iron a passé la nuit, il a été perfusé. Il ne va pas bien, mais il se bat. Iron va rester hospitalisé quelque temps. Le vétérinaire me dit de passer au cabinet pour le voir et pour échanger sur les différentes possibilités qui s'offrent à nous. Ni une ni deux, je mets des vêtements aléatoires pour me rendre directement au cabinet du vétérinaire. Ce dernier m'accueille dans son bureau où l'on me ramène Iron qui a l'air un peu plus en forme. Mon cœur est soulagé.

Le vétérinaire me propose alors plusieurs options :

La première, c'est de consulter un endocrinologue, un vétérinaire spécialisé dans les maladies hormonales.

La seconde, augmenter de nouveau les doses du traitement, car la maladie de Cushing prend le dessus.

La troisième, refaire une nouvelle échographie des glandes surrénales, car nous sommes peut-être passés à côté de quelque chose.

Et la quatrième option, c'est d'essayer l'homéopathie vétérinaire, une thérapie à base de produits naturels. Mon vétérinaire me propose de me mettre en contact avec un spécialiste qui a déjà sauvé l'un de ces chiens. Bien que ce spécialiste soit fortement demandé, il a accepté de libérer une place dans son agenda afin de recevoir Iron et m'aider à le soigner.

Autant vous dire que je ne sais pas quelle décision prendre. J'ai l'impression de tourner en rond, mais d'avoir la pression du temps face à la maladie qui gagne du terrain et l'état de mon chien qui s'aggrave. J'ai à peine le temps de réfléchir, car je dois agir. Je décide d'essayer la technique de l'homéopathie et de faire une échographie chez une vétérinaire spécialisée à porte de Clichy pour vérifier ses glandes surrénales.

La clinique décide de garder Iron en hospitalisation, choix qui me paraît très judicieux. Les perfusions ont l'air de lui faire beaucoup de bien. J'ai l'impression qu'il reprend très légèrement du poil de la bête. En parallèle, je lui administre un traitement complémentaire avec l'homéopathie prescrit minutieusement par le spécialiste. De toute façon, ça ne peut pas lui faire du mal. La technique avec l'homéopathe est très facile d'accès et peu coûteuse. Je me rends donc dans une pharmacie et sors avec une dizaine de petites boîtes remplies de minuscules petites billes qu'Iron doit prendre à des heures précises. C'est dans ce genre de situation que l'on se rend compte que les cours de mathématiques étaient importants. 5 granules de ceci, 4 granules de cela, mais espacés dans la journée… Les granules sont tellement petits qu'Iron les recrache ou bien ceux-ci se bloquent dans sa gueule sans qu'il les avale. Au finale, cette nouvelle thérapie me demande une organisation et une grosse gestion. Je ne doute pas de l'efficacité de ce traitement, mais pour ma part, je n'ai pas vu de réelle différence et de changement sur l'état de santé de mon chien.

Le jour qui suit, je retourne voir Iron pour le sortir un peu, qu'il se promène en dehors de sa cage, soulager un peu les assistants vétérinaires pour qu'Iron ne fasse pas ses besoins à l'intérieur. La cage était très spacieuse, mais cela reste un endroit restreint pour un animal de cette taille. Mais à mon arrivée, je ne suis pas très bien reçue par l'équipe du cabinet. On me dit à peine bonjour. Quand on daigne enfin remarquer ma présence, c'est avec un léger agacement que l'on m'apporte Iron et sa laisse. Je le promène dix à quinze minutes puis je reviens au cabinet. J'ai attendu plus d'une heure et demie que quelqu'un s'adresse à moi et s'occupe de nous. Iron tenait à peine sur ses pattes, il tremblait. J'aurais pu comprendre que le personnel était occupé avec une urgence plus urgente que la mienne. Mais je les entendais parler, rigoler, les gens passaient un à un devant moi. J'attendais seulement qu'Iron soit remis dans sa cage sous perfusion.

Aujourd'hui, je ne sais toujours pas pourquoi l'on m'a traité de la sorte. Je n'ai pourtant jamais eu un mot plus haut que l'autre ou demandé de traitement de faveur. Il y a quelque chose qui m'échappe à ce moment-là. Supposons que j'ai eu une parole ou une attitude qui a pu déplaire à quelqu'un, soit, mais que cela déteigne sur le traitement et le bien-être de mon chien, c'est inadmissible. Je me rappelle avoir été avec ma sœur, ce jour-là, elle même choquée de la situation. Mon vétérinaire n'étant pas présent, je suis certaine à ce moment-là que les choses ne se seraient pas déroulées de la sorte. Est-ce le fait que je sois la présidente de l'association *Gueules d'Anges* ? Pourtant nous avions fait de nombreux dons à la clinique. Est-ce le fait que j'ai été injustement jugé sur le fait que je partage la vie d'Iron sur les réseaux sociaux et employé un terme qu'il ne fallait pas ? Peut-être. Je ne le saurais jamais.

C'est avec une boule au ventre que j'ai laissé Iron à la clinique. J'en étais venu à me demander s'il était bien traité. J'ai commencé à partir de cet épisode à avoir des doutes. Les jours qui ont suivi, j'ai été accompagné de 3 personnes différentes. Étant à fleur de peau, j'avais peut-être mal interprété la situation et j'ai demandé à mes accompagnants de me dire s'il trouvait qu'il y avait un malaise ou si j'étais un peu paranoïaque sur mes interprétations. Le ressenti général, sans grand étonnement se rangeait malheureusement de mon côté. Chuchotement et regards noirs. C'était devenu très malaisant pour moi de venir.

Par la suite, j'ai finalement opté pour une hospitalisation de jour. Je déposais Iron le matin vers les alentours de 7 heures et je revenais le chercher vers 18 heures/19 heures. Autant vous dire qu'avec la circulation parisienne le trajet me prenait plus de 3 heures. Je me posais alors dans un café en fin d'après-midi pour travailler et j'attendais que la dernière perfusion d'Iron se termine. Mais le fait qu'il soit près de moi me rassurait beaucoup.

J'ai toujours eu une éducation bien à moi pour mon chien. Et même s'il est un membre à part entière de ma famille, à la maison c'est chacun sa place. Iron a son couchage, non pas des moindres, il a ses gamelles et dispose de nourriture à volonté, car il se régule tout seul. Iron est un chien très bien éduqué, il ne vole pas, il ne monte pas sur les canapés et il reste particulièrement sage. Mais cette fois, c'était différent. J'avais aménagé mon salon pour qu'il dorme avec moi. Je lui avais mis un T-shirt à moi pour qu'il ait moins froid et nous dormions blottis l'un contre l'autre dans mon canapé.

À la même période, j'ai effectué l'échographie abdominale d'Iron sous les conseils du vétérinaire chez une vétérinaire spécialisée, la Docteur Mallet, à la clinique Championnet dans Paris pour vérifier ses glandes surrénales. La conclusion était la suivante : *Inflammation importante des 2 glandes surrénales. Leur épaisseur a doublé en 3,5 mois passant d'environ*

9 mm à 16-17 mm. Présence d'une péritonite localisée autour de chacune des glandes surrénaliennes. Surcharge hépatique.

Elle m'a alors confirmé qu'Iron était vraiment un chien particulièrement courageux et patient, car il devait beaucoup souffrir au vu de l'état de ses glandes surrénales, mais forcé de constater qu'il n'y avait aucun signe de tumeur.

J'étais complètement démunie et ne voyais aucune solution. J'étais prête à tout, prête à explorer des pistes que je n'avais jamais explorées. J'ai alors testé la thérapie par l'homéopathie sur Iron et j'ai également réalisé 2 séances de communication animale.

Aujourd'hui, je ne sais toujours pas ce que j'en pense, car je suis très cartésienne malgré un lien très spirituel qui me lie avec mon chien. Je n'arrive pas à comprendre comment mon chien peut « parler » avec une personne. Les soins se procuraient à distance, la dame m'appelait une première fois pour m'indiquer qu'elle commençait le soin, puis elle me rappelait deux heures après pour me faire son rapport suite à la connexion avec Iron. Je vous partage quelques extraits du compte-rendu de la séance.

Je débute la communication en me présentant auprès d'Iron et en lui indiquant que je viens de la part de son humaine. Il est tout de suite très réceptif et tout à fait d'accord pour procéder à cette communication avec moi.

Lorsque je demande à Iron s'il est heureux, il n'y a aucun doute quant à sa réponse tant elle se lit sur son visage. Il se sent chanceux d'avoir trouvé une humaine telle que la sienne et il lui en est très reconnaissant de faire tout ce qu'elle fait au quotidien pour lui. Il se sent même plus que chanceux, je ressens énormément d'émotions de sa part lorsqu'il me parle de son humaine. Un lien très fort les unit, c'est certain.

Iron m'indique qu'il a mal. Sa maladie le fait évidemment souffrir, il y a des jours un peu plus faciles que d'autres à supporter, mais c'est vrai que sa pathologie lui fait mal et que ça le fatigue aussi beaucoup.

Pourtant, il rêverait de retrouver toute son énergie et sa vitalité pour pouvoir faire le fou à toute heure du jour. Il sait que son humaine fait du mieux qu'elle peut pour l'aider à soulager ses douleurs et il l'en remercie énormément.

Jusque-là, cela me paraît plutôt logique et simple comme interprétation. Le mot « fou » m'avait quand même fait sourire, car quand on connaît Iron, on sait que ce n'est pas le chien le plus actif et qu'il économise la moindre portion d'énergie.

Iron est partant pour passer à la recherche de son élément primaire de la médecine chinoise. L'élément d'Iron est : l'Eau.

Il est hyperémotif, très sensible. Il ressent toutes les émotions de son entourage. Il est une éponge émotionnelle. Il peut se montrer « conseiller » ou être « thérapeute », car il a la capacité de ressentir une grande empathie. Il est plutôt conciliant et discret. Il est très intelligent. Il est craintif et anxieux. Ses faiblesses sont les reins, la vessie et le système digestif.

Je demande maintenant à Iron s'il souhaite transmettre un message à son humaine. Avant toute chose, il souhaite la remercier infiniment, du fond du cœur, d'être auprès de lui et de ne pas l'abandonner. De se battre autant pour lui. Il est très ému lorsqu'il me parle de son humaine, il est très touché.

Iron a choisi l'Oracle Mission de vie et le message qui ressort de la carte tirée est : Opportunités

Ces mots ont été très touchants et pleins d'espoir. Mais cela ne m'a pas avancé sur la situation, sur les choix que je devais prendre pour Iron.

Encore une fois, mon avis sur les thérapies complémentaires que j'ai réalisé pour mon chien m'est propre et n'engage que moi. Le fait de ne pas croire en telle ou telle pratique ne veut pas dire que cela ne peut ne pas fonctionner pour d'autres.

Malheureusement, je pense qu'à ce moment-là, nous étions vraisemblablement arrivés au bout de cet interminable combat. Mes proches, mes amis, ma famille voyant son état physique et le mien, me recommandent de le laisser partir. Selon eux, je m'épuisais pour rien et je devais accepter qu'il ne s'en sorte pas. Mais une petite voix dans ma tête me disait de persévérer et de continuer de me battre, que ce n'était pas encore son moment… Malgré la tête dure que je peux avoir et mon fort caractère, après tout, ils avaient peut-être raison, je devais peut-être laisser Iron partir. Cependant, j'ai besoin de prendre un autre avis avant de prendre cette effroyable décision. C'est un choix tellement affreux que de devoir décider si ton animal doit vivre ou mourir.

Alors, j'ai écouté mon instinct…

Épisode 8
Le doute

Je décide de contacter mon ancien vétérinaire de famille. Comme je l'ai dit au début de ce livre, nous avons toujours eu des chiens dans la famille et nous étions suivis par ce vétérinaire que j'affectionnais tout particulièrement. Je le connais depuis que je suis toute petite et comme lui, je voulais être vétérinaire. Cependant, les études pour arriver à ce métier n'étaient pas faites pour moi. Je passais régulièrement mes samedis à « l'assister » et observer les consultations. Plus grande, j'ai fait mon stage d'observation dans son cabinet. J'ai même assisté à plusieurs opérations.

C'est donc naturellement que je lui ai demandé son avis sur le cas de mon chien.

C'était un jeudi, mon ancien vétérinaire me reçoit entre deux patients, je sais qu'il garde une certaine affection pour ma famille et moi-même et souhaite m'apporter son aide comme il le peut. À ce moment-là, je décide de garder pour moi le fait que je souhaite un autre avis professionnel avant de prendre n'importe quelle décision.

Arrivée au cabinet de mon ancien vétérinaire, je lui donne le dossier d'Iron avec tous ses examens et ses bilans sanguins. Il regarde tous les documents minutieusement et me demande l'examen du test ACTH. Le test de stimulation à l'ACTH (aussi appelé le test au Synacthène) est un test médical utilisé afin d'évaluer le fonctionnement des glandes surrénales. Il est employé spécifiquement pour diagnostiquer ou exclure un surplus (la maladie de Cushing) ou une insuffisance surrénalienne (la maladie d'Addison).

Je lui réponds que tout est dans le dossier, minutieuse comme je suis, car je classe toujours très bien mes documents. Ce test de stimulation à l'ACTH se déroule en deux temps : on réalise une prise de sang sur le chien puis on lui injecte un produit. Ensuite, deux heures plus tard, on réalise une nouvelle prise de sang pour voir la réaction. Si le barème est en dessous de la limite normale, le chien est considéré comme ayant la maladie d'Addison ; si le barème est au-dessus, le chien à la maladie de Cushing. Or, un tel test ne me dit absolument rien. Est-ce moi qui ai refusé de faire ce test ou est-ce qu'on ne me l'a pas proposé ? Mais ce qui est sûr, c'est que ce test n'a jamais été réalisé pour Iron.

Le vétérinaire de famille me regarde dans les yeux et me dit « tu es sûre, Eva, que ton chien à la maladie de Cushing ? » Et là, un tas de questions se bouscule dans ma tête.

Je ne suis pas vétérinaire, j'ai toujours fait confiance. Mon vétérinaire est compétent, ses résultats ne sont plus à prouver. J'ai moi-même été témoin de son professionnalisme et de son talent. Qui suis-je pour remettre en doute un diagnostic d'une personne qui a fait de nombreuses études dans ce domaine et qui a des années de brillante carrière ? Mais je connais aussi mon chien et je trouve que son état ne s'améliore pas. Il y a, au plus profond dans mon cœur, dans ma peau une étrange sensation, comme si quelque chose ne collait pas. Et si Iron n'avait pas la maladie de Cushing ?

Le fait que mon ancien vétérinaire soulève le doute, je commence alors à douter et de nombreuses incertitudes se logent dans un coin de ma tête.

Le soir même lorsque je récupère Iron, je décide de ne pas lui donner de Vetoryl que nous avions encore augmenté. Le lendemain, vendredi matin, en arrivant à la clinique de son hospitalisation, on accueille Iron avec douceur et l'on me demande si je lui ai bien donné son traitement. À ce moment-là, je mens, je dis que oui, mais Iron n'a pas pris de traitement depuis la veille au soir ni le matin. Je percevais un petit changement chez lui. On me propose de garder avec moi Iron tout le week-end et de le ramener en hospitalisation de jour le lundi matin. Il débranche la perfusion d'Iron et lui met un petit bandage pour que l'autre partie de la perfusion ne s'arrache pas (sans grand succès, car elle s'est tout de même arrachée quelques heures après). On me fournit tout le traitement d'Iron et un protocole bien particulier pour ses soins. Je rentre alors avec Iron à la maison.

De retour chez moi, telle une enquêtrice, je me plonge dans la lecture de documents sur la maladie d'Iron, obsédée par l'idée de trouver une réponse. Je regarde, lis, étudie et analyse beaucoup d'articles au sujet de la maladie de Cushing, et je découvre la maladie d'Addison, qui est tout simplement le contraire de la maladie de Cushing, qui est la conséquence d'un déficit de la corticosurrénale et que mon chien ne produit plus assez de cortisol. Beaucoup de symptômes étaient assez similaires entre les deux maladies : l'abattement, les vomissements, l'augmentation de la soif, la production d'urine conséquente, ainsi que les tremblements. Cela semblait effectivement plus correspondre à l'état d'Iron.

Le lundi matin, première heure, avant d'emmener Iron à son hospitalisation de jour, dans la clinique habituelle, je décide de faire ce fameux test ACTH chez mon vétérinaire de famille. Lorsque le vétérinaire voit mon chien, je vois son regard plein de peine et de compassion. Effectivement, Iron est dans un état très inquiétant. Il ne s'alimentait plus, même pas la moindre bouchée de ses friandises préférées. La seule chose qu'il mangeait du bout des lèvres et en très peu de quantité était la pâtée pour chat de Prada.

Le vétérinaire réalise alors cette fameuse stimulation pour connaître le taux de cortisol de mon chien persuadé que mon chien n'est pas atteint de la maladie de Cushing. La dernière prise de sang faite, il me dit qu'il me recontacte pour les résultats dès qu'il les a, d'ici une heure ou deux…

Épisode 9
Révélation

Me voici, en voiture, roulant vers la clinique pour y déposer Iron pour son hospitalisation journalière, mais mon esprit est rempli de doutes et d'incertitudes. Je me sens coupable de douter, et d'avoir fait faire un examen dans le dos de mon vétérinaire. J'ai cette impression de mentir et d'être malhonnête, ce qui n'est pas du tout ma personnalité. Au moment où je me gare, je reçois un appel d'un numéro de portable que je ne connais pas.

Je décroche. C'est mon vétérinaire de famille qui m'appelle : " Eva, arrête tout, arrête le traitement de ton chien ! Ton chien n'a pas la maladie de Cushing, mais d'Addison ! Tu es en train d'empoisonner ton chien ».

C'est un coup de massue qui s'abat à ce moment-là sur moi. Je ressens encore cette sorte de sueur froide qui descend le long de mon dos et mon cœur qui s'accélère. J'étais littéralement en train de donner des médicaments qui tuaient mon chien ! Donc, si je fais le raccourci, j'étais en train de tuer Iron. J'étais à la fois choquée d'apprendre cette nouvelle et soulagée de savoir que j'allais peut-être entrevoir une lueur d'espoir, et que de nouvelles solutions pouvaient s'offrir à moi.

Je décide de déposer tout de même Iron pour sa perfusion, qui de toute façon ne pouvait pas lui faire du mal, car ce n'était pas son traitement qu'on lui administrait.

En réalité, j'étais complètement perdue. Comment deux grands vétérinaires pouvaient-ils avoir un avis contradictoire et diamétralement opposé ? Qui croire ? Encore une fois, j'ai confié la vie de l'un des êtres les plus chers à mes yeux.

Je n'avais plus confiance. J'ai récupéré Iron un peu plus tôt ce jour-là et j'ai décidé d'aller chez une troisième vétérinaire qui avait suivi mes animaux quelques années.

Je lui ai alors fait part de mes doutes, par rapport aux diagnostics concernant la maladie d'Iron entre ses deux confrères, en lui expliquant mon ressenti. L'un dit Addison, l'autre dit Cushing. Elle m'a répondu : « Oui, ça pourrait être une maladie d'Addison effectivement. » Et en vérifiant les papiers d'Iron, elle confirme qu'aucune prise de sang ACTH n'avait été faite auparavant. « Il faut absolument faire cette prise de sang, car je vous confirme qu'en cas de maladie d'Addison, le traitement qu'il prend actuellement pourrait le tuer. »

Pour être certaine, je refais faire pour la seconde fois une stimulation ACTH à Iron dans cette troisième clinique.

Le lendemain, la vétérinaire m'appelle et m'annonce que le test que nous avons fait la veille indique un taux de cortisol très bas : Iron a la maladie d'Addison. Si je n'avais pas arrêté de traitement de Vetoryl, il serait actuellement mort. J'ai des frissons rien qu'en y repensant.

Je lui demande si elle peut l'hospitaliser de jour, comme je faisais dans l'ancienne clinique, car je ne veux plus le mettre là-bas, je n'ai plus confiance. J'ai besoin de temps, pour prendre une décision sur mes prochains choix vis-à-vis d'Iron.

Épisode 10
La maladie d'Addison

Lors de mes précédentes recherches et investigations sur les maladies de Cushing et d'Addison, j'avais découvert que le CHV Advetia où j'avais emmené Iron pour sa calcinose cutanée, sous les soins du Docteur Prélaud, comptait également un spécialiste en endocrinologie, c'est-à-dire en maladies hormonales.

Le trajet entre le parking et la clinique était impossible pour Iron, il n'avait plus la moindre force et ne tenait plus sur ses pattes. N'étant pas très musclée, j'arrive tant bien que mal à le prendre dans mes bras et le porter à l'intérieur. Nous étions, à ce moment-là, en période post-covid et le port du masque était obligatoire. Une femme en blouse grise et aux cheveux brun très foncé s'est avancée vers moi. Comme la moitié du visage était caché par le masque, j'essayais de me raccrocher à chaque détail. « Madame Dia ? Je suis le Docteur Lemeteyer, venez avec moi ». Elle me précède en m'invitant à la suivre. Je porte de nouveau Iron et le dépose délicatement et avec précaution sur la table d'auscultations. La consultation dure près d'une demi-heure. Après avoir passé en revue l'ensemble du dossier (qui se rapprochait presque plus d'une bibliothèque), les examens de santé, les bilans sanguins et après m'avoir écouté raconter tout mon récit, elle m'explique la procédure d'hospitalisation.

Puis, d'une voix douce, mais sans émotion, elle m'annonce : « L'état d'Iron est très inquiétant, il va très mal. Son pronostic vital est engagé. À ce jour, je ne peux pas vous garantir qu'il s'en sortira, mais nous ferons tout notre possible ».

Je fonds en larmes et cherche son regard, désespérément en quête d'un peu d'espoir ou de compassion, mais en vain. Bien plus tard, j'apprendrai que cette femme faisait partie des talentueux vétérinaires qui ont sauvé la vie d'Iron. Je parle de ce détail, car à ce moment-là, j'avais ressenti comme un manque d'empathie qui m'avait profondément touchée, mais une partie de moi était vraiment rassurée par cette personne, je lui faisais confiance.

Je signe les papiers sans hésitation, bien que je n'ai plus les finances de gérer une énième hospitalisation. Je pense que je devais être entre 5.000 euros et 6.000 euros de dépenses depuis le début de la maladie. Elle m'explique qu'elle va amener Iron aux services des hospitalisations, car il doit recevoir des soins d'urgence, une nouvelle perfusion et que l'on continuera notre rendez-vous sans lui. Elle se lève et invite Iron à la suivre. Très affaibli, il se lève avec difficulté, mais très conciliant, il suit le docteur. Je le vois s'éloigner vers ce long couloir blanc sans savoir si je le reverrais. Je lui dis : « Tu vas t'en sortir, je te le promets. » Mais il ne se retourne pas et la porte se referme.

Quelques minutes plus tard après avoir déposé Iron, le ton de la voix du docteur avait quelque peu changé.

« Iron est une vraie star apparemment, certaines assistantes vétérinaires ont reconnu Iron, elles sont toutes contentes, il va être chouchouté ». Je lui raconte alors dans les grandes lignes sans trop m'étaler qui est Iron et ce qu'il fait. Je me sens rassurée, je sais qu'il sera très bien traité.

Iron est donc hospitalisé à nouveau, mais malheureusement cette fois, je ne pourrais pas aller le voir. Cependant, l'équipe est très gentille et, pour me rassurer, m'appellera tous les jours afin de me donner des nouvelles, et me tenir informée des nouveaux examens.

Et effectivement, je reçois bien des nouvelles d'Iron tous les jours. L'hôpital réalise de nouveau le test ACTH, la maladie d'Addison est une fois de plus confirmée. Le Docteur

Lemeteyer m'appelle et me donne une explication sur ce qui s'est sans doute passé. Elle m'explique qu'Iron avait très probablement eu la maladie de Cushing, mais cette maladie n'a absolument pas été gérée comme il le fallait. Sans stimulation ACTH et contrôle régulier, le traitement qu'Iron prenait n'était pas viable et pire, pouvait être très dangereux. C'est ce qui s'est produit pour Iron, car en réalité mon chien a fait une overdose de son traitement de Vetoryl. Il prenait un traitement qui faisait diminuer son taux de cortisol alors qu'en réalité il n'en avait pas assez dans son sang. C'est un vrai miracle qu'il s'en soit sorti après toutes ces péripéties. Iron a donc à ce jour, la maladie d'Addison. Il faudra faire des contrôles réguliers, mais le point positif dans tout cela c'est que cette maladie est beaucoup moins onéreuse (on passe d'une boîte de médicaments pour la maladie de Cushing de 90 euros à 12 euros pour ceux de la maladie d'Addison). Cette maladie semble beaucoup plus simple à gérer. Il y a 2 ou 3 façons de traiter la maladie d'Addison que ce soit par prise de médicament quotidien ou par injection chez un vétérinaire. Nous avons choisi la voie médicamenteuse, car Iron n'est pas très compliqué pour prendre son traitement.

La maladie de Cushing est une maladie incurable, mais avec le surdosage du traitement qu'Iron a pris, on peut dire que grossièrement la maladie s'est inversée. C'est incroyable.

Mais ce n'est à ce jour, pas une technique viable pour guérir de la maladie de Cushing.

Une semaine après son hospitalisation au CHV Advetia, je récupère mon chien sur ses quatre pattes.

Lorsque j'arrive au centre hospitalier, je le reconnais enfin. Je suis tellement heureuse de retrouver mon chien. Quand il me voit, il remue la queue et me regarde avec son regard doux et plein de bienveillance. Bien qu'amaigri, il trottine, il a le regard vif. Il est enfin en forme.

À aucun moment, je n'en veux à mon précédent vétérinaire d'avoir commis à mon sens une petite négligence sur le diagnostic et de ne pas avoir été pointilleux sur la maladie de Cushing d'Iron. Car en toute bienveillance, il m'a soutenu dans ces épreuves et a pris de son temps pour me conseiller quotidiennement. Même les meilleurs peuvent commettre des erreurs. Mais à partir du moment où j'ai décidé de me diriger dans une autre voie, je me suis sentie vraiment seule et pas soutenue. Ce qui est arrivé à Iron est très grave. Dans ces moments-là, nos ego d'humains doivent être mis de côté et nous devons prioriser le bien-être animal. J'ai choisi la vie de mon animal aux dépens d'une amitié.

Quand Iron monte dans ma voiture, je pense enfin à la délivrance de cet enfer que nous venons de vivre sur presque un an. Pourtant…

Épisode 11
Un Bonheur de courte durée

Après avoir récupéré Iron en mars 2022, les mois passent et nous retrouvons une vie relativement normale. Nous parvenons à gérer la maladie d'Addison d'Iron, désormais beaucoup plus facile à contrôler, avec des examens réguliers.

J'ai la chance de reprendre de petites balades et sorties, et même de participer à quelques événements de médiation animale avec Iron.

Cet été-là, je fais la rencontre d'un homme qui, plus tard, changera ma vie, mais surtout contribuera à sauver celle d'Iron. Nous décidons d'emménager ensemble avec nos chiens respectifs. C'est ainsi qu'un petit frère du nom de Nuts, un bouledogue français bringé noir, entre dans la vie d'Iron.

Par mimétisme, Iron adopte certains comportements de son petit frère : il court, il joue (et, à mon grand regret, il aboie). Mais grâce à son énergie juvénile, Nuts devient un véritable stimulant pour Iron, lui offrant une nouvelle vitalité. Mon papy chien, alors âgé de 9 ans, semble rajeunir.

Malheureusement, cette période de renouveau fut brève, car deux mois après notre emménagement, Iron montre à nouveau des signes de faiblesse.

À la fin de l'été 2022, Iron ne mange presque plus. Une fois de plus, mon instinct va s'avérer crucial. Mon entourage me trouve un peu trop alarmiste et dramatique, mais après tout ce que nous avons vécu, cela me semble parfaitement compréhensible.

Je multiplie les examens qui confirment que son état ne s'améliore pas, mais rien d'alarmant n'est trouvé. Mon pressentiment persiste malgré les réflexions de mes proches. Pour eux, Iron a simplement vieilli et est très affaibli par les maladies qu'il vient de traverser. Pourtant j'essaye de me convaincre, mais malheureusement pour moi, il y a un réel problème.

Lors du marché de Noël des *Gueules d'Anges* le 4 décembre 2022, je décide de mettre Iron à la retraite officiellement. Et nous faisons nos adieux sur la scène comme la star qu'il est devant le public. C'était un moment très émouvant.

Les jours qui suivent, je remarque qu'Iron ne s'alimente plus et qu'il passe ses journées, allongé sur son coussin, blotti contre son frère. Mais ce qui m'alerte vraiment, c'est la température de son corps, devenue très froide ainsi que ses tremblements fréquents. Sur un coup de tête, je décide de l'emmener à nouveau aux urgences au CHV Advetia. Ils ont déjà réussi à le sauver une fois et je suis convaincue de leur compétence. Je sais qu'ils sauront me dire s'il y a un problème.

Épisode 12

Retour au *CHV ADVETIA*

À mon arrivée aux urgences du CHV Advetia, Iron est pris en charge immédiatement.

Il est si faible, fatigué et son regard est vraiment éteint.

C'est de nouveau le Docteur Lemeteyer qui prend en charge Iron. Elle me confirme que mon chien est en pleine crise d'Addison et que son état n'est pas rassurant. Je me sens tellement coupable d'avoir attendu autant de temps. Au fond de moi, je savais que j'aurais dû réagir plus vite. La docteur n'a jamais été très rassurante, voire parfois, je trouvais qu'elle pouvait manquer de compassion sur l'annonce des diagnostics. Mais elle devait voir tellement de choses tristes qu'elle ne pouvait sans doute pas s'attarder sur le plan affectif de chaque situation.

Et puis, en réalité, c'est ce que j'aimais chez elle, car elle savait exactement les choses et allait à l'essentiel. C'est ce qui me rassurait vraiment.

Après quelques jours d'hospitalisation, la vétérinaire m'appelle et me fait part de son analyse. Elle pense qu'il y a autre chose en plus de la maladie d'Addison. Je ne vois pas ce que cela pourrait être, car je suis persuadée d'avoir fait tous les examens nécessaires et préconisés. Selon elle, avec les soins prodigués, Iron aurait dû être sur pied et en pleine forme, mais il restait très faible.

Cette fois, les visites étaient autorisées et nous lui rendions visite tous les deux jours, en lui apportant des petites friandises et des morceaux de jambon. Il montrait des signes d'amélioration et avait repris des forces, mais sa faiblesse persistait. Je réalisais de temps en temps de petites vidéos ou des *lives* pour montrer à ses abonnés toujours aussi présents l'évolution d'Iron. Le 23 décembre, nous décidons de le ramener à la maison pour qu'il passe les fêtes avec nous. Cependant, le Docteur Lemeteyer nous recommande de faire une IRM, suspectant une tumeur cérébrale. Cette idée me paraît vraiment abstraite et j'ai du mal à y croire. Pourquoi Iron aurait-il une tumeur ? Où était le rapport avec sa maladie ?

De plus, j'avais eu un chien dans mon enfance qui en avait eu une et il souffrait régulièrement de crises d'épilepsie. Iron n'a jamais fait de crises. À un moment donné, cela me semblait impossible qu'il cumule toutes les maladies. Un autre facteur important pesait dans la balance : les finances. Une IRM coûtait 650 euros, s'ajoutant aux 2.000 euros déjà dépensés pour son hospitalisation et aux 6.000 euros investis dans ses traitements précédents. Je n'avais tout simplement plus les moyens de faire face à ces dépenses.

Durant ces quelques jours de fête, je reste très attentive au comportement et aux attitudes d'Iron. Je l'observe constamment, vigilante à chaque signe. Mon conjoint me pousse à réaliser l'IRM, en me disant que cela me permettrait d'être rassurée, sinon je risquerais de me poser des questions en permanence.

C'est donc très confiante que le 28 décembre 2022, je décide de faire passer l'IRM à Iron…

Cette journée fut longue et éprouvante. Je ne sais pas ce qu'il s'est passé, mais j'ai déposé Iron le matin et je l'ai récupéré seulement vers 18 heures. J'ai attendu toute la journée et cela m'a véritablement tendue… Pourquoi était-ce si long ? On m'a expliqué qu'il fallait du temps pour le réveil. Ma patience légendaire était mise à rude épreuve.

Lorsque je récupère Iron, il est extrêmement faible, à peine capable de tenir sur ses pattes. Je ne me souviens pas qu'une anesthésie générale puisse provoquer un tel état. J'ai encore des doutes sur ce qui a réellement pu se passer ce jour-là. Un surdosage de l'anesthésie ? Ou peut-être une mauvaise tolérance au produit anesthésique ?

Son comportement était vraiment étrange : dans la voiture, il se mettait à hurler comme un loup, tentait de courir partout, mais tombait à chaque fois. Cette agitation a duré toute la nuit et nous étions vraiment inquiets. Pourtant, l'hôpital nous assurait que le comportement était normal. Le lendemain matin, cette étrange réaction s'est dissipée. Je vous parle de cela, car cela a influencé plus tard notre choix sur une importante décision que nous allions prendre pour lui.

Épisode 13
Découverte de la Tumeur

Le 30 décembre, nous retournons au CHV Advetia pour le compte-rendu de l'IRM avec la neurologue. Je ne sais pas pourquoi j'étais aussi confiante à ce moment-là. Elle nous reçoit dans son bureau, prend une grande inspiration, puis me regarde droit dans les yeux :

« Iron a effectivement une tumeur cérébrale. Elle mesure plus de deux centimètres et se situe en plein milieu du crâne. »

Quelle bonne nouvelle pour finir l'année 2022 !

Je me souviens que l'information m'a paru tellement irréelle que je n'ai eu aucune réaction sur le moment et je suis restée silencieuse. C'est seulement lorsque mon conjoint prend ma main que je suis ramenée à la réalité. Alors, je pose deux questions, d'une voix claire et assurée :

La première : « Combien de temps lui reste-t-il ? »

Elle me répond, hélas, qu'en raison de la taille de la tumeur, il lui reste très peu de temps.

Ma seconde question : « Y a-t-il quelque chose à faire pour le sauver ? »

Elle m'explique que la radiothérapie est une option, mais cela demande beaucoup de soins. Il existe un centre à Lille, mais elle me recommande de consulter un oncologue, un docteur spécialisé dans le cancer, pour explorer les différentes alternatives possibles pour le cas d'Iron.

Le trajet de retour était silencieux. J'encaissais encore cette terrible nouvelle. Je ne comprenais pas pourquoi le sort s'acharnait sur mon chien encore une fois. Mais il a fait tellement de bien autour de lui, c'est tellement un chien formidable et exceptionnel. Par sa bonté, il a pris toute la misère du monde et transporte les maux des gens qu'il a aidés. Une sorte de ligne verte. La vie est parfois injuste.

Aujourd'hui, tout devenait clair : depuis deux ans, Iron vivait avec cette tumeur. Et c'est cette tumeur située dans son cerveau, qui avait perturbé sa glande hormonale au niveau de l'hypophyse, déclenchant d'abord la maladie de Cushing, puis celle d'Addison. Comment ai-je pu ne pas m'en douter plus tôt ? Comment n'avons-nous pas détecté cela dès le début ? Pourquoi n'avons-nous pas fait une IRM dès le départ ? Tout cela aurait pu être pris en charge bien plus tôt ! Une vague de colère m'envahit alors, profonde et amère. Je m'en veux terriblement et j'en veux au monde entier !

Nous avions laissé Iron à la maison et, en arrivant, je le prends dans mes bras, le serrant si fort, ressentant un besoin intense de le sentir vivant contre moi.

Mon conjoint, qui jusque-là avait respecté mon besoin de digérer la nouvelle, me regarda dans les yeux et me dit :

« Quoi que tu décides, je serai là, je t'accompagnerai et l'on affrontera tout ça ensemble. ». Et il l'a fait. C'était à ce moment-là, le soutien dont j'avais réellement besoin. Une main, une épaule qui m'ont aidée à ne pas tomber à cet instant présent.

Épisode 14
Le Cancérologue

Je n'ai pas le temps d'être triste, de rester coucher et de broyer du noir. Je dois réagir et prendre une décision pour le futur d'Iron. Vu l'état de santé de mon chien, il ne lui reste que quelques mois, voire quelques semaines à vivre.

À mon réveil, je prends mon courage à deux mains et j'appelle la clinique vétérinaire Eiffelvet à Paris et prends rendez-vous avec le Docteur vétérinaire Keravel.

Iron ne se lève plus de la voiture, mon conjoint le porte jusqu'à l'intérieur de la clinique. L'abattement d'Iron est saisissant, tout comme l'atrophie musculaire qui l'a frappée. Iron qui avait autrefois une carrure si robuste affiche désormais une maigreur inquiétante. Il ne pèse plus que 24 kg, alors qu'il en pesait 10 de plus auparavant. Ses joues sont creusées et l'on dirait que son visage fond littéralement.

À notre arrivée, le personnel nous accueille chaleureusement et nous demande de patienter.

Le Docteur Keravel vient alors nous chercher dans la salle d'attente, après un très léger examen et une étude du dossier en amont. Une longue discussion s'installe. Il souligne que « l'état général, l'ancienneté de la symptomatologie, le poids du patient sont des facteurs pronostics péjoratifs en soi. » En termes clairs, Iron n'a plus beaucoup de temps et les traitements proposés ne sont pas forcément sûrs.

À la suite de ces échanges, le cancérologue nous propose plusieurs choix :

1. L'opération chirurgicale (en particulier au sein de l'université d'Utrecht en Hollande). Cette proposition présente des risques significatifs en particulier chez Iron en mauvais état général initial et d'un poids de 24 kg. Il y a une chance sur trois qu'Iron n'y survive pas et, au vu de son état, cette option est très fortement déconseillée.

2. La radiothérapie, l'option peut être proposée et présente plus ou moins de risques anesthésiques selon le protocole choisi. L'efficacité dans le temps peut être longue à être constatée. Une récidive est possible voire un éventuel échec.

Cette proposition comporte deux sous-options :

— Un protocole palliatif hypofractionné qui aura pour but de contrôler temporairement la symptomatologie et accompagner Iron doucement vers la mort avec de faibles doses pour le soulager ;

— Un protocole curatif, avec deux options : microfractionné ou hyperfractionné avec des anesthésies plus fréquentes et des risques d'effets secondaires immédiats plus marqués (cataracte, conjonctivite, brûlures, etc.)

En France, seul le protocole microfractionné est disponible, nécessitant entre 20 et 30 séances pour un budget aux alentours de 2.500 à 3.000 euros. L'appareil de radiothérapie pour le protocole hyperfractionné se trouve non loin de Milan en Italie à La Fondation Cittadina et nécessite seulement 10 séances pour un coût de 5.000 euros (5.700 euros avec la taxe).

3. Je pense que je n'ai pas besoin de m'étaler sur cette option, mais l'euthanasie était malheureusement un choix qui m'a été proposé.

Nous n'avons pas beaucoup de temps pour réfléchir, les jours d'Iron sont comptés. La véritable question que je me pose est : *Vais-je tomber dans l'acharnement thérapeutique ?* Le vétérinaire me dit alors une phrase qui restera gravée en moi : « L'acharnement thérapeutique, c'est quand il n'y a plus aucune chance, mais que l'on persiste malgré tout. » Ces mots vont influencer ma décision.

Je lui demande alors son avis. Il me répond : « Si c'était mon chien et que j'en avais les moyens, je tenterais le tout pour le tout, j'irais faire un petit voyage en Italie. »

Ma seconde préoccupation concernait les finances. Déjà endettée à cette époque, à la suite des épisodes précédents, je n'avais clairement pas les moyens de financer le traitement d'Iron, quel qu'il soit.

Ce soir-là, en rentrant, je décide d'en parler à ma communauté, ou plutôt à celle d'Iron. Même si la décision me revenait, il était important pour moi d'avoir leur avis. L'Italie semblait vraiment être sa dernière chance. À ma grande surprise, nos abonnés ont créé une cagnotte en ligne pour nous aider dans cette nouvelle épreuve.

Je n'étais pas très convaincue au départ, car j'ai toujours eu une certaine réticence vis-à-vis des cagnottes, un procédé qui me met profondément mal à l'aise. Mais je me suis lancée et nous recevons énormément de dons, des petits comme des grands. Chacun donnait ce qu'il pouvait. Ce qui nous a permis de récolter la somme incroyable de 7.675 euros.

C'est donc avec le soutien de mes proches et de mon conjoint que je choisis de faire de la radiothérapie en Italie. La citadine possède la seule machine qui reconstitue la tumeur en 3D et cible très précisément la tumeur. Leur appareil est un modèle unique créé par deux docteurs vétérinaires, le Docteur Mario Dolera et le Docteur Luca Malfassi, lesquels se sont entourés des meilleurs experts vétérinaires et sont reconnus pour leur avancée autant sur le plan des outils que sur la méthodologie.

Ne parlant pas anglais, c'est mon conjoint qui a contacté la clinique par téléphone et c'est l'un des fondateurs, le Docteur Mario Dolera, qui lui a répondu. En lui expliquant notre histoire, il s'est aperçu que nous étions français et, pour notre plus grand soulagement, le Docteur Dolera parlait français. Dix jours plus tard, nous partions pour Milan.

Épisode 15
Départ pour l'Italie

Le 21 janvier, il fait froid, mais il fait beau. La voiture est chargée, nous ne savons pas pour combien de temps nous partons. Iron dispose de tout l'arrière de la voiture, que mon conjoint a minutieusement préparé pour lui, un gros coussin pour son confort et une gamelle d'eau à disposition. Nous laissons le petit Nuts à ma belle-famille et nous prenons la route pour l'Italie avec l'espoir comme seule certitude.

Sur la route, nous croisons un magnifique arc-en-ciel, ce qui présageait vraiment une suite positive. Au bout de 4 heures, nous faisons un arrêt à Chambéry. Une amie à moi nous accueille, afin de nous reposer pour la nuit. Elle est vraiment impressionnée de l'état physique d'Iron en remarquant son corps tout amaigri et les traits de son visage creusés.

5h40 le réveil sonne. Il faut partir tôt, nous avons rendez-vous à 8 heures à la fondation et nous avons fait seulement la moitié du chemin. Au petit matin, il fait encore nuit et très froid. Nous reprenons la route. Nous passons par les montagnes, le soleil n'est pas encore levé, mais quelques rayons transpercent la montagne et laisse entrevoir une lumière dorée reflétée sur le blanc de la neige sur le haut des montages.

C'est monsieur qui prend la route pour me permettre de finir ma nuit. Le stress accumulé me plonge dans un état de grande fatigue et la route me berce. Je suis entourée à ce moment-là, de deux êtres très importants pour moi et je me sens confiante et apaisée.

Après quelques heures de route et sous un ciel de nuages et de grisaille, nous arrivons enfin à destination. Le froid et l'humidité étaient omniprésents.

Curieusement, nous nous retrouvons devant un grand corps de ferme qui, à première vue, semblait en ruine. Nous étions tellement surpris de cet endroit, que nous avons fait deux fois le tour de la bâtisse en voiture pour nous assurer qu'il s'agissait bien de la fondation Cittadina. Mais le GPS nous indiquait précisément cet endroit.

Au bout du chemin de terre, bordé de champs s'étendant à l'infini, la vieille bâtisse semblait perdue au milieu de nulle part, entourée d'arbres dénudés par l'hiver et de ruines. Incertains, nous décidons tout de même d'y entrer en voiture.

La cour, étonnamment, était remplie de plantes magnifiques aux couleurs éclatantes, malgré la saison. De grands arbres majestueux dominaient l'allée principale menant à la fondation. L'atmosphère était paisible, presque hors du temps. Des chiens âgés et des chats, un peu négligés, mais en bonne santé, se promenaient librement, indifférents à notre présence. On aurait dit que la nature avait repris le dessus et que l'homme vivait en parfaite harmonie avec elle. Des gens vivaient-ils vraiment ici ?

Iron sort de la voiture avec difficultés, ses mouvements sont lents et précautionneux, mais il parvient tout de même à avancer, bien que d'une manière hésitante. Chaque pas semble pesé, comme si la fatigue et la douleur alourdissaient son corps affaibli. On aurait presque dit qu'il comprenait ce qui allait se passer, qu'il savait instinctivement que tout ce qui se déroulait ici lui était spécialement dédié. Son harnais rouge, d'habitude bien ajusté, paraissait aujourd'hui trop grand, comme si j'avais choisi une taille au-dessus sans m'en rendre compte. Il flottait autour de lui, signe que la maladie l'avait fait maigrir plus que je ne voulais l'admettre.

Nous tentons d'ouvrir plusieurs portes anciennes, semblant fermées depuis longtemps, jusqu'à ce que l'une d'elles cède. À l'intérieur, l'endroit baignait de lumière, avec des plantes omniprésentes et de vastes espaces. Malgré quelques équipements médicaux éparpillés, une chaleur douce se dégageait, donnant à ce lieu un sentiment d'accueil et de bienveillance.

Plusieurs patients étaient répartis dans les différentes pièces de la bâtisse : des humains accompagnés de leurs chiens ou de leurs chats. Certains animaux avaient des tumeurs visibles sur les pattes, le ventre ou encore le visage, d'autres semblaient endormis et fatigués, tandis que certains étaient couverts de bandages. Une dame pleurait en tenant un chaton dans ses bras qui semblait inanimé, pendant qu'un homme stimulait son chien, allongé sur une vieille couverture, complètement paralysé de l'arrière-train.

L'organisation différait clairement de ce que l'on voit traditionnellement en France. Il n'y avait pas de « salle d'attente» à proprement parler ; on pouvait attendre n'importe où dans cet endroit. Il fallait simplement trouver de la place : un canapé ici, une chaise par-là, ou même le rebord d'une fenêtre. Bien que ce désordre m'ait d'abord très fortement déstabilisée, j'ai fini par m'y habituer. Recréer un environnement familier et rassurant pour les animaux aidait à les apaiser, réduisant ainsi leur anxiété, c'était une idée de génie. On se sentait un peu comme dans une grande maison.

Une fois encore, de nombreux chats, plutôt jeunes, se promenaient de patient en patient, venant à la rencontre des animaux malades. Les chats semblaient vivre ici. Iron était trop fatigué pour y prêter attention, mais je n'étais pas sereine sur l'idée qu'un chaton finisse en casse-croûte pour un chien.

Un jeune homme s'approche de nous avec un sourire accueillant et, dans un anglais impeccable, nous demande la raison de notre visite. Mon conjoint lui explique que nous avons rendez-vous avec le Docteur Dolera. Après avoir consulté rapidement une fiche ou une liste, il nous fait signe de patienter et nous indique que nous pouvons nous installer là où nous trouverons de la place. Une femme, assise sur un canapé avec un grand chien à ses pieds, se lève doucement pour libérer de la place et, dans un geste généreux, nous invite à nous y asseoir.

Épisode 16
La Cittadina Fondazione

La Fondation Cittadina est un lieu à la fois paradoxal et fascinant. C'est un mélange improbable de tradition et de modernité. En arrivant, on est immédiatement frappé par ce contraste : un vaste corps de ferme ancien, aux murs de pierre et aux toits en ardoise, abritant des équipements à la pointe de la technologie. Des machines médicales dernier cri côtoient des éléments architecturaux qui semblent tout droit sortis d'une autre époque.

L'atmosphère est à la fois rustique et futuriste, ce qui ajoute à l'étrangeté du lieu, un cadre que je n'aurais jamais imaginé pour des soins vétérinaires aussi avancés.

Après plusieurs minutes d'attente dans cette ambiance hors du temps, un homme fait son apparition. De taille moyenne, il porte une tenue de sport et de longs cheveux attachés. Il s'avance vers nous et demande avec un fort accent italien : « Iron ? » Nous hochons la tête en signe d'approbation et, sans un mot de plus, il nous fait signe de le suivre.

Nous nous retrouvons installés sur un petit paseo, une terrasse en plein air, entourée d'une végétation luxuriante. La nature semble omniprésente ici, donnant un sentiment d'apaisement, presque en décalage avec la raison pour laquelle nous sommes là. Et il y a des chats vraiment partout. Des dizaines de chats qui se déplacent tranquillement, comme les véritables maîtres des lieux. La scène est surréaliste. Un chaton tout blanc prend en adoration les chaussures de mon conjoint, la scène est pleine de douceur et permet de détendre un peu nos craintes.

L'homme se présente alors : « Je suis le Docteur Dolera. Je parle un peu français. J'espère que le voyage depuis la France s'est bien passé. Avez-vous les bilans sanguins et les IRM d'Iron ? » Je me sens un peu nerveuse, mais dans un geste automatique, je sors de mon sac un classeur où sont rangés minutieusement tous les documents médicaux de mon chien. Comme une écolière qui aurait bien appris sa leçon, je lui tends les papiers qu'il examine attentivement, ses yeux défilant sur les résultats des examens.

Après quelques instants, il relève la tête et explique calmement le plan d'action : « Nous allons procéder à une nouvelle IRM. Selon la façon dont il réagit, nous pourrons envisager de commencer directement une première séance de radiothérapie. Je vous expliquerai ensuite le protocole pour les séances futures, mais sachez qu'il y aura des contrôles réguliers pour ajuster le traitement en fonction de ses besoins. » Sa voix est rassurante, mais mes pensées sont assaillies par le souvenir de la dernière anesthésie qu'Iron avait subie au CHV Advetia. Il s'était si mal remis de cette intervention que je ne peux m'empêcher de ressentir une profonde appréhension. Pourtant, nous sommes ici maintenant, alors il n'y a plus de marche arrière possible.

Le Docteur Dolera nous invite à patienter de nouveau. Une personne viendra sous peu pour endormir Iron en vue de l'IRM. Pendant ce laps de temps, je m'interroge, les mains serrées sur la laisse de mon chien : qu'est-ce que je fais ici ? Que suis-je en train de lui imposer ? Mon pauvre Iron, lui qui a du mal à tenir debout, comment va-t-il supporter tout ça ?

Iron, à mes pieds, commence à s'assoupir. Une jeune femme arrive, une seringue à la main. Elle administre la sédation directement à même le sol, prenant Iron par surprise. Le chien sursaute légèrement sous l'effet de l'inattendu. Je trouve cette approche brutale, presque choquante et, à ce moment-là, mes nerfs lâchent. Les émotions deviennent trop lourdes à porter. Les larmes me montent aux yeux, je sens un torrent d'angoisse m'envahir. Quelques minutes passent et

Iron s'enfonce lentement dans un sommeil profond. Deux hommes arrivent alors, lui sortent délicatement la langue — un geste pour éviter qu'il ne s'étouffe — et le placent sur un brancard avant de l'emporter.

À ce stade, je suis totalement dépassée. Mon conjoint, beaucoup plus lucide que moi, le contrôle pour gérer la situation. Il prend le relais. Il fait preuve de calme et de sang-froid, gérant la situation avec une maîtrise que je ne parviens plus à avoir. En France, rien ne se passe de cette façon. Tout semble plus encadré, plus mesuré. Mais c'est typiquement français de penser que tout le monde fait les choses de la même manière que nous. Je réalise alors à quel point j'ai de la chance de ne pas être seule dans cette épreuve. Pour moi, le temps semble suspendu. Je me sens comme un automate, perdue dans cette situation étrangère, où la langue devient une barrière infranchissable. Je ne comprends plus rien, tout me paraît flou, irréel.

On nous demande de sortir et d'attendre dans une autre pièce. Dehors, l'hiver a pris possession du paysage. L'air est glacial, le ciel d'un blanc immaculé et chaque souffle que nous expirons se transforme en volutes de fumée. Nous suivons un autre homme qui nous guide jusqu'à une porte ancienne, non loin de la salle où nous étions précédemment. La vieille porte de bois grince en s'ouvrant, révélant une salle qui semble tout droit sortie d'un film des années 1920. Un décor figé dans le temps, contrastant avec l'avancée médicale qui se déroule juste à côté.

Lorsque nous pénétrâmes dans la pièce, une atmosphère singulière nous enveloppa immédiatement. L'ensemble de la pièce était habillé de bois, avec des poutres apparentes qui semblaient témoigner de plusieurs siècles d'existence. Au fond de la salle, une immense cheminée crépitait, offrant une lumière vacillante qui dansait sur les murs sombres. C'était presque la seule source de clarté, plongeant le reste de la pièce dans une semi-obscurité intrigante.

Les murs étaient dominés par de vastes bibliothèques murales, remplies de livres anciens dont les reliures étaient couvertes d'une épaisse couche de poussière, signe qu'ils n'avaient pas été feuilletés depuis des décennies. Les ouvrages semblaient figés dans le temps, attendant silencieusement leur prochaine lecture. Des objets d'un autre temps étaient soigneusement disposés sur les étagères : une machine à coudre antique, un vieux fer à repasser en fonte et même une machine à écrire ancienne ! Tout cela contribuait à l'aura mystérieuse de la pièce. Les toiles d'araignées, géantes, mais étrangement désertes, s'étendaient au plafond, ajoutant à cette impression de lieu figé hors du temps.

Au centre de la pièce, trois gros canapés en cuir usés par les années faisaient face à la cheminée, accompagnés d'un vieux fauteuil à bascule qui grinçait légèrement sous l'effet du feu. Une tapisserie d'un autre âge ornait le centre de la salle, ajoutant à l'atmosphère solennelle. Derrière la cheminée, une seconde pièce se dévoilait discrètement. Poussés par la curiosité, nous nous aventurâmes dans cet espace et fûmes surpris de découvrir une petite collection de voitures anciennes parfaitement alignées. Cet endroit dégageait une étrangeté fascinante, un mélange de passé glorieux et d'abandons silencieux.

De retour dans la salle principale, nous choisîmes de nous installer sur l'un des canapés massifs, qui craqua légèrement sous notre poids. À notre droite, une femme était assise, parlant doucement en italien à son chien, une sorte de grand lévrier noir. Sa tête, bandée de manière impressionnante, penchait d'un côté, donnant à l'animal une allure triste et fragile. Le regard de la dame ne quittait pas son compagnon, ses murmures empreints de tendresse.

Face à nous, une famille était assise dans le silence, leur anxiété palpable. À ce moment précis, l'attente commença, lourde et pesante. Le silence de la salle d'attente, entrecoupé par le crépitement des flammes, ne fit qu'accentuer cette sensation d'incertitude qui s'installait doucement en nous.

Chaque seconde passée semblait étirer le temps et nous commencions à ressentir toute la pression de l'inconnu.

Épisode 17
Première Séance de Radiothérapie

À moitié endormie sur l'épaule de mon conjoint, je fus soudainement réveillée par le même homme qui nous avait conduits ici à patienter précédemment. Avec un geste discret, il nous invita à le suivre à nouveau. Nous traversâmes la cour extérieure, cette fois pour nous diriger vers l'aile opposée du bâtiment.

À ce moment-là, je me surpris à penser que nous allions peut-être faire une visite guidée des lieux, tant il semblait y avoir de recoins et d'espaces différents. Ce nouveau bâtiment paraissait bien plus moderne que le précédent, avec des façades récemment restaurées et une architecture plus contemporaine. Pourtant, l'essence de l'endroit, avec ses éléments historiques, persistait à travers de petits détails.

Nous fûmes une nouvelle fois accueillis par des chats, comme un rituel constant de cet endroit, et un vieux chien au pelage grisonnant et terne nous observa brièvement avant de poursuivre son chemin en titubant légèrement, presque aveugle. Ce bâtiment était baigné de lumière naturelle, grâce aux grandes baies vitrées qui s'ouvraient sur une végétation luxuriante. L'atmosphère était à la fois chaleureuse et clinique, un étrange équilibre entre la nature et la médecine.

Au centre de la pièce, un grand chien blanc était allongé sur un petit matelas. Sa langue pendait mollement sur le côté et, pendant un bref instant, je craignis qu'il ne soit plus en vie. Mon cœur se serra, mais on nous rassura rapidement. Nous fûmes invités à nouveau à patienter, cette fois sur des canapés un peu plus modernes et confortables que ceux de la pièce précédente.

Quelques minutes plus tard, un couple entra dans la salle et se dirigea aussitôt vers le chien blanc. L'animal, qui semblait profondément endormi, commença à se réveiller lentement sous les caresses de ses maîtres. En l'espace de quelques minutes, il se remit sur ses pattes, un peu vacillant, mais visiblement en meilleure forme. Je n'avais jamais assisté à une telle scène auparavant, tout le processus était à la fois étonnant et fascinant. Nous étions vraiment au cœur de la médecine vétérinaire, dans une proximité et une simplicité presque déconcertantes, rendant cette situation émotionnellement intense plus supportable.

C'est alors qu'un homme imposant fit son entrée. Il mesurait presque deux mètres et arborait une barbe fournie et une longue queue de cheval. Bien que cet homme paraissait impressionnant, il émanait de lui de la douceur et de la bienveillance. Il portait un brancard sur lequel Iron était allongé et endormi sur un petit matelas, curieusement similaire à ceux utilisés pour les bébés. L'homme posa délicatement le matelas au sol avec une aisance impressionnante, puis nous adressa un sourire rassurant.

Dans un anglais approximatif, mais plein de bonne volonté, il nous informa qu'Iron allait bientôt se réveiller. Je me souviens de ce moment précis, car j'avais toujours du mal à voir mon chien dans cet état de vulnérabilité. Les premières fois, cela m'avait profondément troublée. Ce n'est pas souvent que l'on voit nos compagnons animaux sédatés et cette image nous procure un mélange d'inquiétude et de tristesse.

Je m'accroupis à côté d'Iron, caressant doucement son pelage, en attendant qu'il ouvre à nouveau les yeux. Je m'attendais à voir des brûlures sur la peau de mon chien, comme le Docteur Keravel, de chez EiffelVet, m'avait prévenu que cela pouvait arriver après les séances de radiothérapie. Il m'avait expliqué que ce type de traitement pouvait provoquer des lésions sur la peau. Par précaution, et surtout par inquiétude, j'avais passé des heures à regarder des photos sur internet pour me préparer mentalement à ce qui pourrait arriver.

Je me souviens avoir hésité longuement après avoir vu ces images, malgré tout, j'avais pris la décision de continuer, de tenter ce traitement pour lui donner une chance de s'en sortir. Cependant, à ma grande surprise, en regardant Iron après sa première séance, je ne voyais aucune brûlure sur sa petite tête. Pas la moindre trace de rougeur ou d'irritation. Il semblait épuisé, bien sûr, mais sa peau était intacte. J'étais soulagée, c'était comme si, malgré la lourdeur du traitement, son corps résistait avec une force que je ne soupçonnais pas.

Néanmoins, ce qui m'a profondément marqué ce jour-là, c'est la froideur glaçante de son petit corps, en particulier de ses pattes qui semblaient totalement gelées. C'était une sensation à la fois troublante et désarmante. Nous avons donc, mon conjoint et moi, pris soin de réchauffer ses pattes à tour de rôle, chacun tentant de lui rendre un peu de chaleur en frottant doucement ses extrémités.

Iron semblait avoir énormément de mal à sortir de son sommeil artificiel. Le processus de réveil semblait interminable, chaque seconde qui passait me paraissait une éternité. Je scrutais son visage, cherchant le moindre signe de mouvement, le plus petit clignement de ses yeux qui indiquerait qu'il revenait enfin à lui.

Pendant que nous frictionnions son corps frêle, je ne pouvais m'empêcher de repenser aux autres anesthésies qu'il avait subies, aux moments difficiles qu'il avait traversés. Voir son état si vulnérable réveillait en moi un flot de souvenirs et de peurs profondément enfouis.

Mon conjoint, toujours à mes côtés, partageait ces instants avec moi. Nous échangions des regards silencieux, conscients de la gravité du moment, mais déterminés à être là pour Iron, à lui offrir tout le réconfort possible.

Iron finit par ouvrir les yeux, mais son réveil était laborieux. Il peinait à émerger complètement, sombrant régulièrement dans de courts sommeils. Son regard, bien qu'encore un peu flou et perdu, montrait des signes de reconnaissance. Je savais que ma présence le réconfortait. Chaque tentative pour se remettre sur ses quatre pattes se soldait par un échec : sa faiblesse l'empêchait de maintenir son équilibre et il finissait par s'effondrer, incapable de supporter son propre poids.

Le docteur Dolera apparut alors, d'un pas vif, pour nous rassurer. La première séance de radiothérapie s'était, selon lui, parfaitement déroulée. Sans même nous convier dans un bureau, il prit la parole directement pour nous expliquer la suite du protocole de manière concise, presque mécanique. Iron allait devoir subir un total de 10 séances de radiothérapie.

Après deux ou trois séances, un contrôle serait effectué pour évaluer l'évolution de la tumeur et ajuster les paramètres de traitement si nécessaire. Habituellement, ces séances sont espacées de deux à trois jours, mais étant donné que nous venions de France et que notre situation était particulière, il avait décidé de réaliser trois séances consécutives. Une IRM de contrôle serait réalisée à la fin de ces premières séances pour s'assurer que tout allait bien.

L'un des risques les plus redoutés était que la tumeur éclate sous l'effet du traitement, répandant des cellules cancéreuses dans le cerveau, ce qui aurait des conséquences désastreuses. Malgré cela, le docteur Dolera affichait un calme rassurant. Il semblait confiant et bien que la tumeur d'Iron soit volumineuse, il la qualifiait de « belle tumeur », car elle était facile d'accès. Ses paroles, même si brèves, nous apportèrent un peu de réconfort dans cette épreuve.

En parallèle de la radiothérapie, le docteur nous proposa d'accompagner le traitement par une chimiothérapie orale sous forme de comprimés. Cela engendrait un surcoût, mais je finis par accepter. Il s'agissait de maximiser les chances de sauver Iron. Grâce à la cagnotte généreusement alimentée par la communauté d'Iron, nous avions (à ce moment-là) les moyens de lui offrir les meilleures options de traitement. Cela me donnait une lueur d'espoir, bien que l'incertitude soit encore omniprésente.

Le docteur Dolera, toujours pressé, ne perdit pas de temps après ses explications. En quelques phrases, il nous annonça que nous devions revenir dès le lendemain matin et, sans attendre une réponse, il quitta la pièce rapidement, nous laissant sous la responsabilité d'une assistante vétérinaire, Nancy.

Nancy, une jeune femme italienne, avait un visage doux et une voix pleine de bienveillance. Elle s'adressa à Iron avec une telle tendresse que j'en fus apaisée. Sa présence était un baume face à la situation et aux procédures médicales. Elle prit le temps de tout nous réexpliquer en détail, soucieuse que nous comprenions bien le protocole. Elle administra à Iron une injection de cortisone pour traiter sa maladie d'Addison, mais cette fois, avec une délicatesse infinie. Iron, qui avait réagi à la piqûre précédente, ne sembla même pas la sentir. Il resta couché, mais je le sentais plus alerte, son regard suivant les mouvements autour de lui.

Je ne pense pas que j'aurais été en mesure de gérer la situation seule à ce moment-là. Entre la barrière de la langue, les explications médicales complexes et l'intensité des émotions qui m'envahissaient, tout semblait accablant. Honnêtement, je dois reconnaître que sans la présence physique et le soutien indéfectible de mon conjoint, je n'aurais probablement pas eu la force mentale ni émotionnelle de poursuivre toutes ces démarches. Son aide m'a permis de tenir bon face à cette épreuve, de rester ancrée dans la réalité, là où, seule, j'aurais certainement été submergée par l'angoisse et l'incertitude.

Il était déjà 17 heures passées. Nous étions à la Fondation depuis 8 heures du matin, épuisés par la nuit presque blanche passée sur la route et affamés après une longue journée sans repas. Il devenait urgent de trouver un peu de repos, d'autant plus que nous devions être de retour dès le lendemain matin à 8 heures pour la suite du traitement. Mon conjoint, prenant Iron dans ses bras, nous prîmes la direction de l'Hôtel dont j'avais pris la peine de faire une réservation sur internet, à 20 minutes de la fondation.

Il faisait nuit lorsque nous sommes finalement arrivés à l'hôtel. L'endroit avait l'allure d'un grand hôtel d'une région balnéaire, mais sans la mer et il semblait désert. Le silence qui régnait autour de nous accentuait l'atmosphère un peu étrange de l'endroit, comme si toute la partie que nous avions visitée de l'Italie était figée hors du temps.

À notre arrivée, la réceptionniste, visiblement surprise de voir des clients débarquer, nous accueillit avec chaleur et bienveillance. Son étonnement laissait penser qu'elle n'était pas habituée à recevoir du monde si souvent. Je n'avais pas mentionné à l'avance que nous voyagions avec un chien et j'étais un peu inquiète de sa réaction. Mais, à ma grande surprise, l'Italie s'est révélée être un pays extrêmement « *Pet Friendly* ». Elle adressa à Iron un large sourire empli de compassion, ses yeux se posant sur les bandages d'Iron dissimulant le cathéter. Ce simple geste, ce regard compatissant, me réconforta énormément après une journée aussi éprouvante.

Les chambres étaient simples, sans fioritures, mais convenables pour ce que nous recherchions à ce moment-là. L'hôtel avait l'air d'un lieu de passage, un de ces endroits où l'on ne fait que transiter sans s'y attarder. Les sanitaires étaient glacials, entièrement carrelés avec du verre dépoli datant probablement des années 70, donnant un aspect austère à la pièce. Quant aux meubles vieillis par les années et les nombreux passages, ceux-ci semblaient appartenir à une autre époque. Le chauffage, en plus d'être insuffisant, émettait un bruit sourd, comme s'il peinait à fonctionner correctement, ce qui n'aidait en rien à réchauffer l'atmosphère déjà lourde de fatigue et d'inquiétude.

Mais nous n'étions pas là pour profiter d'un séjour de vacances, après tout. Ce qui comptait, c'était d'avoir un endroit où nous reposer. Iron, toujours épuisé par cette journée éreintante, n'avait pas la force de manger ce soir-là. Son petit corps était encore froid, une sensation qui me serrait le cœur. J'ai alors pris un de mes sweat-shirts et je le lui ai enfilé pour essayer de lui apporter un peu de chaleur.

Mon conjoint avait pris l'initiative d'aller chercher quelques provisions au distributeur automatique, situé dans le hall de l'hôtel. C'était l'unique option à cette heure tardive et, bien que les choix fussent limités à quelques barres chocolatées, des paquets de chips et des boissons gazeuses, cela suffisait à apaiser un peu notre faim. Il revint avec un petit assortiment de ces collations, un maigre réconfort après cette longue et épuisante journée. Nous nous sommes assis sur le lit, en silence, partageant ces modestes provisions tout en essayant de réorganiser nos pensées. Chaque bouchée, bien que loin d'être un vrai repas, nous permettait de reprendre un semblant d'énergie nécessaire pour affronter les jours à venir. Il y avait quelque chose d'étrangement apaisant dans cet instant, même dans sa simplicité. Le craquement du papier d'emballage, le bruit sourd du chauffage qui peinait toujours à fonctionner et Iron, couché à nos pieds, recouvert de mon sweat-shirt, semblant trouver un peu de repos malgré tout. C'était un de ces moments où, bien que tout autour de nous soit incertain, le simple fait de rester ensemble suffisait à alléger, ne serait-ce qu'un peu, le poids de l'inquiétude qui pesait sur nous.

Épuisés, nous nous sommes allongés, cherchant du réconfort dans la proximité l'un de l'autre. Quelques minutes plus tard, alors que le silence s'installait et que la fatigue commençait à m'emporter, je sentis la petite truffe d'Iron se glisser contre mon bras. Nous avons finalement cédé. Il est alors venu se lover entre nous deux, cherchant lui aussi ce peu de chaleur et de réconfort que nous pouvions lui offrir. La nuit fut froide. Malgré tout, nous étions ensemble, blottis les uns contre les autres, unis dans ce moment difficile.

Épisode 18
La radiothérapie - Première partie du protocole

Le lendemain matin, nous sommes retournés à la fondation, un peu plus reposés malgré l'anxiété qui nous habitait encore. Cette fois-ci, les choses se sont enchaînées plus rapidement que la veille, comme si le personnel avait déjà tout préparé pour que la prise en charge d'Iron soit plus fluide. Dès notre arrivée, Iron a été conduit pour ses premiers examens sans que nous ayons à attendre trop longtemps. Nous étions de retour dans cette grande salle très lumineuse, la même que celle que nous avions quittée la veille. C'est dans ce bâtiment que se déroulaient les séances de radiothérapie. Chaque fois que l'on entendait les lourdes portes de radioprotections se refermer après un passage, le son nous rappelait la gravité de la situation.

Cette fois-ci, nous avions été emmenés dans une petite pièce, presque comme une petite chambre, où Nancy, avec sa douceur habituelle, s'était approchée d'Iron. Elle s'était mise à lui parler avec tendresse tout en préparant l'injection qui le plongerait à nouveau dans un sommeil profond, nécessaire pour la séance. Nous étions à ses côtés, le caressant doucement, lui chuchotant des mots rassurants. Iron s'est alors laissé aller dans nos bras, ses paupières se fermant lentement jusqu'à ce qu'il sombre dans un profond sommeil.

L'anesthésie générale est indispensable pour un chien lorsqu'il subit une séance de radiothérapie, contrairement à un humain qui peut rester immobile de manière volontaire. Cela explique en partie pourquoi les coûts associés à ce type de traitement sont souvent très élevés. Le chien doit rester parfaitement immobile durant toute la durée de la procédure, car le moindre mouvement pourrait compromettre la précision du traitement.

Iron a donc été placé dans un appareil sophistiqué, spécialement conçu pour cibler avec une grande précision les tumeurs. Cet appareil, assez imposant, gravitait autour de lui, projetant des rayons directement sur la tumeur, de manière à détruire les cellules malades tout en préservant autant que possible les tissus sains qui l'entouraient.

Le processus était à la fois fascinant et inquiétant. D'un côté, on réalisait l'incroyable avancée technologique que représente cette machine capable de prolonger la vie de nos compagnons. D'un autre côté, l'idée de voir notre animal sous anesthésie, complètement vulnérable, et de devoir compter sur la technologie pour sa survie suscitait beaucoup d'angoisse.

Chaque détail du traitement, de l'immobilisation totale à la manipulation des rayons, a été réalisé avec une minutie impressionnante. Et c'est cette rigueur qui nécessitait un coût élevé, non seulement à cause de la technologie utilisée, mais aussi des soins attentifs prodigués par les vétérinaires et leur équipe. Chaque séance était une bataille menée avec une précision chirurgicale, et c'est cette précision qui donnait à Iron et à tant d'autres animaux, une chance de se battre contre la maladie.

Une fois endormi, Iron a été délicatement placé sur son brancard. Deux membres du personnel l'ont ensuite transporté vers la salle de radiothérapie, mais cette fois encore, nous n'étions pas autorisés à les suivre à l'intérieur. Tout ce que nous pouvions faire, c'était observer de loin, regardant les portes se refermer derrière eux.

Nous avons alors été invités à patienter dans la salle d'attente. Nous sommes sortis de ce bâtiment moderne et nous sommes retournés dans la salle – que j'appelais désormais « la salle des années 1920 » à cause de son atmosphère particulière – mais cette fois nous étions seuls.

Après un certain temps d'attente, on nous annonça que la séance de radiothérapie d'Iron était terminée. Nous retournons donc dans le bâtiment de traitement de radiothérapie, où nous retrouvons Iron déjà installé dans la salle d'attente, allongé sur son petit matelas, encore profondément endormi. Cette image, qui me bouleversait tant au début, était désormais devenue familière. J'avais fini par m'y habituer, bien que cela restât toujours difficile à voir. Je ne pouvais m'empêcher de comparer la lenteur avec laquelle Iron se réveillait à l'énergie des autres animaux qui, eux, retrouvaient rapidement leurs esprits après leurs séances.

Iron, quant à lui, semblait lutter pour émerger de son sommeil forcé. Notre inquiétude devait se lire facilement sur nos visages, car le grand homme à la queue de cheval, que nous avions aperçu la veille, vint à notre rencontre. D'une voix calme, il nous invita à le suivre. Je lui jetais un regard interrogateur, tournant la tête vers Iron toujours endormi sur son matelas, et je m'apprêtais à lui exprimer mes craintes. Cependant, il me rassura d'un geste tranquille, m'indiquant que notre absence ne perturberait pas le réveil de notre chien.

Nous l'avons donc suivi à travers des petites voûtes de pierres qui donnaient une atmosphère presque médiévale à l'endroit, et ce, jusqu'à une petite porte discrète. De l'autre côté de celle-ci, nous avons découvert une pièce remplie d'ordinateurs et d'écrans de surveillance, dont certains montraient des images en direct de la salle de radiothérapie. L'homme ne se présenta pas, mais nous apprendrons plus tard, après quelques recherches sur internet qu'il s'agît de Lucas Malfassi, Docteur vétérinaire et responsable des équipements technologiques de la fondation Cittadina. Sur son bureau, une réplique du célèbre ballon « Wilson », tiré du film *Seul au Monde*[1] avait attiré notre attention. En plus de cela, mon conjoint et moi trouvions que le Docteur Malfassi avait une certaine ressemblance avec le personnage de Chuck Noland interprété par l'acteur Tom Hanks et, naturellement, nous avions commencé à le surnommer « Wilson ».

Sa présence dégageait une bienveillance palpable et, malgré son allure impressionnante, il parlait avec une douceur surprenante.

Dans un anglais teinté d'un fort accent italien, que seul mon conjoint comprenait bien, il prit le temps de nous expliquer le fonctionnement de leur appareil de radiothérapie. Sur les écrans, nous pouvions voir une représentation en 3D de la tumeur d'Iron. Elle était beaucoup plus grande que ce que j'avais imaginé, prenant une énorme place au centre de son crâne. Les rayons étaient programmés pour cibler

---

[1] *Seul au monde* est un film américain réalisé par *Robert Zemeckis* dont l'acteur principal est *Tom Hanks*

précisément cette masse, minimisant ainsi les dégâts des tissus sains.

Le Docteur Malfassi nous expliqua également que le cas d'Iron était particulièrement intéressant sur le plan médical. La tumeur était située exactement au milieu de son crâne, dans une symétrie presque parfaite, comme si elle avait été dessinée et positionnée là avec une précision mathématique. Ce genre de détail rendait l'opération délicate, mais fascinante d'un point de vue scientifique.

Le fait que le Docteur Malfassi prit le temps de nous ouvrir les portes de cette salle, de nous montrer les images et de nous expliquer avec tant de précision le processus m'a énormément rassurée et m'a donné l'impression d'avoir une visibilité totale sur ce qui se passait, une transparence rare dans ce genre de traitement médical. Ce centre vétérinaire, qui avait déjà su nous surprendre par son approche humaine et bienveillante, se révélait encore une fois être un lieu plein de surprises et, cette fois-ci, ce fut une belle surprise.

Le docteur nous apprit également une nouvelle bouleversante : Iron avait perdu la vue et cela à cause de la pression exercée par la tumeur sur son nerf optique. Cette information m'a frappée de plein fouet, bien que tout commençait à faire sens. Je repensais alors à des scènes qui, sur le moment, m'avaient semblé étranges, mais auxquelles je n'avais pas donné trop d'importance. Je me souvenais, par exemple, de ce jour où Iron avait tenté de sauter dans la voiture. Il s'était élancé avec son enthousiasme habituel, mais avait tragiquement raté le bord du coffre, tombant lourdement sur son dos. À ce moment-là, j'avais pensé qu'il était simplement fatigué ou désorienté, mais en réalité, il ne voyait pas où il devait atterrir.

Une autre image poignante me revint également en tête : celle d'Iron devant sa gamelle. Je l'avais vu essayer de manger, mais bizarrement, il penchait sa tête à quelques centimètres de la nourriture, comme s'il cherchait à tâtons quelque chose d'invisible. J'avais mis cela sur le compte d'une maladresse passagère, ou peut-être d'une simple distraction. Jamais je n'aurais imaginé que cela pouvait être le signe d'une cécité progressive, causée par cette tumeur insidieuse qui, sans que nous le sachions, dévastait son corps petit à petit.

Savoir qu'il avait enduré ces moments de confusion sans que je comprenne vraiment ce qui lui arrivait me serrait le cœur. Je réalisais à quel point il avait dû s'adapter, silencieusement et avec courage, à cette nouvelle réalité. Il avait continué à se battre, à vivre son quotidien malgré l'obscurité qui avait envahi son monde. Cette prise de conscience ajoutait une autre dimension à notre combat contre la maladie.

En réduisant la taille de la tumeur, il y avait une petite chance que sa vision puisse, au moins en partie, revenir. Même si ce n'était qu'une hypothèse, cela nous donnait un nouvel espoir, aussi infime soit-il. Je me souviens d'avoir ressenti à cet instant une nouvelle détermination : nous devions tout faire pour lui offrir la meilleure chance de retrouver un peu de son monde perdu. Chaque moment où il se déplaçait dans l'obscurité, chaque erreur de jugement qu'il faisait, résonnait désormais différemment. Il n'était pas simplement malade, il vivait une réalité qui lui échappait et je comprenais mieux pourquoi il semblait parfois si déstabilisé dans des situations qui, auparavant, lui étaient familières. Iron, malgré tout, avait toujours fait preuve d'un incroyable courage. Ce chien avait un cœur si grand qu'il continuait à nous faire confiance, à croire en notre capacité à l'aider, même si nous avions été aveugles face à son propre calvaire.

Je me promis, à cet instant précis, que nous ferions tout pour alléger son fardeau et lui rendre, ne serait-ce qu'un peu, de cette lumière que la tumeur lui avait volée.

À notre retour dans la grande salle principale, Iron dormait toujours paisiblement sur son petit matelas. Je ne pouvais m'empêcher de le regarder, attendrie par sa fragilité, mais aussi inquiète de le voir si profondément endormi. Le Docteur Malfassi, alias « Wilson », réapparut à ce moment-là avec son habituelle prestance. Il s'approcha de nous et, avec un air de malice, nous confia qu'il avait une « arme secrète » pour réveiller Iron.

Curieuse, je l'observais sortir un sachet de croquettes pour chiens d'une marque de grande distribution. Pour moi, c'était l'équivalent canin d'un fast-food pour humains. Avec un geste calculé, il secoua doucement le paquet pour faire du bruit et c'est alors que la magie opéra. Contre toute attente, Iron, qui semblait encore profondément endormi quelques secondes plus tôt, leva instantanément la tête, ses yeux brillants de curiosité. Comme s'il était poussé par une force invisible, il se redressa lentement mais sûrement, les pattes quelque peu vacillantes, et se dirigea vers le paquet de croquettes d'un pas soudainement presque assuré.

Mon conjoint et moi en étions sidérés. Nous étions restés bouche bée devant cette scène improbable. Était-il vétérinaire ou magicien ? Iron, que nous avions tant de mal à voir bouger, semblait soudainement animé par une énergie nouvelle. Nous ne pouvions qu'admirer la manière dont le Docteur Malfassi, avec une simple friandise, avait redonné à notre chien cette vitalité momentanée.

Mais ce qui fut encore plus surprenant, c'est ce qui se passa par la suite. Dès cette deuxième séance de radiothérapie, nous commencions déjà à percevoir des changements significatifs dans l'état d'Iron. Il n'était plus le même chien. Nous le voyions plus alerte, plus attentif à ce qui l'entourait. Il prêtait désormais attention aux détails qu'il ignorait auparavant, comme les nombreux chats qui se baladaient dans la fondation. Et même les veaux, qui se trouvaient dans les écuries à côté, attiraient son attention. Ses yeux, autrefois perdus dans le vide, semblaient désormais suivre les mouvements autour de lui avec plus de précision.

La transformation était impressionnante. En seulement deux séances de radiothérapie, nous constations une amélioration tangible. Iron, qui semblait abattu et éteint les jours précédents, retrouvait peu à peu sa curiosité naturelle, cette flamme qui le caractérisait tant avant que la tumeur ne commence à prendre le dessus. Ce qui m'avait semblé, au départ, être une lente dégradation de son état prenait désormais une tournure différente. Nous n'avions pas encore gagné la bataille, loin de là, mais voir Iron ainsi, plus réactif, plus présent, me donnait l'espoir que nous étions sur la bonne voie.

Le Docteur Malfassi, avec sa discrétion habituelle, nous souriait en coin, comme s'il avait su depuis le début que tout cela allait se passer ainsi. Il semblait sincèrement heureux de voir Iron se remettre doucement sur pied, mais son regard nous disait aussi qu'il restait encore du chemin à parcourir.

Malgré tout, ce petit moment où Iron s'était levé pour des croquettes et s'était montré plus alerte était une victoire en soi. C'était le signe que notre compagnon n'était pas prêt à abandonner la lutte, qu'il répondait positivement au traitement.

Ce soir-là, en le regardant dormir à nouveau, cette fois dans notre chambre d'hôtel, je ne pouvais m'empêcher de repenser à la scène. Iron, toujours si épuisé par les traitements, mais en même temps, plus présent qu'il ne l'avait été depuis des jours. C'était un petit miracle, un regain d'espoir et je savais que nous devions continuer à nous battre à ses côtés, jusqu'au bout.

Les jours qui suivirent furent rythmés par les séances de radiothérapie. Chaque matin, nous nous rendions à la fondation, un peu plus à l'aise avec les lieux et les visages familiers qui nous accueillaient. Désormais, le Docteur Dolera, le Docteur Malfassi et Nancy faisaient partie de notre quotidien. Iron, quant à lui, semblait de mieux en mieux tolérer les séances. Les premiers jours avaient été éprouvants, autant pour lui que pour nous, mais au fil des traitements, il montrait des signes encourageants. Il se réveillait plus rapidement après chaque séance et semblait même plus énergique, comme si son corps, malgré la fatigue évidente, répondait positivement au traitement.

Après cinq séances, le Docteur Dolera décida de faire un examen de contrôle pour évaluer l'efficacité du protocole. Nous étions anxieux, espérant des nouvelles positives, mais nous restions préparés à toute éventualité. Le verdict tomba : la tumeur d'Iron avait diminué de moitié. C'était bien plus que ce que nous espérions. En seulement quelques jours, les rayons avaient réussi à attaquer une grande partie de cette masse qui pesait tant sur la vie de mon chien. Nous étions à la fois impressionnés et soulagés. Cette avancée nous donnait de l'espoir.

Cependant, tout n'était pas encore gagné. Le Docteur Dolera nous expliqua, avec la précision et le sérieux qui le caractérisaient, que la tumeur montrait maintenant des signes d'inflammation. Cela comportait un risque majeur : si la tumeur venait à éclater, les cellules cancéreuses se propageraient dans tout le corps d'Iron, rendant toute intervention future inutile. Le scénario était effrayant et, bien que nous soyons soulagés par la diminution de la tumeur, cette menace pesait lourdement sur nos esprits.

Par mesure de précaution, le Docteur Dolera préférait suspendre le protocole pour une durée d'une semaine. Cette pause était nécessaire pour permettre à l'inflammation de diminuer et ainsi éviter toute complication dangereuse. La décision du médecin était sage, mais cela impliquait un nouveau dilemme pour nous : que faire pendant une semaine ? Nous n'avions pas envisagé ce scénario. Nous ne pouvions rester ici une semaine supplémentaire avec les frais d'hôtels et notre travail respectif, mais retourner en France nécessitera un nouveau déplacement pour revenir en Italie et nous n'avions pas non plus le budget.

Après avoir longuement discuté avec le Docteur et considéré toutes les options, nous décidâmes de rentrer en France. Cela nous permettrait de prendre un peu de recul, de laisser Iron se reposer dans un environnement familier et de réfléchir à la suite des événements. Le retour ne serait que temporaire, mais il nous offrait une parenthèse bien méritée après ces journées émotionnellement et physiquement épuisantes.

Ce voyage de retour, bien que chargé d'incertitudes, marquait pour nous une étape importante. Nous savions que la route serait encore longue, mais nous rentrions avec un nouvel espoir. La tumeur avait diminué, Iron montrait des signes encourageants et, malgré les craintes, nous avions l'impression que les choses prenaient un tournant positif.

Épisode 19
Retour en France

Nous avons partagé notre expérience avec nos proches, racontant chaque détail de cette aventure inédite. Même si le combat contre la tumeur d'Iron n'était pas encore totalement gagné, il était évident que nous venions de traverser quelque chose d'extraordinaire, une épreuve qui nous avait rapprochés et qui, contre toute attente, nous donnait de l'espoir et en grande partie grâce à une centaine de personnes que nous ne connaissions même pas, mais qui touchées par notre histoire, nous avait permis d'offrir une chance de sauver mon chien. Iron montrait des signes d'amélioration et c'était déjà une victoire en soi.

Cependant, une fois rentrés en France, de nouveaux défis se sont rapidement présentés. Quelques jours après notre retour, j'ai remarqué qu'Iron avait du sang dans ses urines et ses selles. Aussitôt, l'inquiétude m'a envahie. Les moindres changements prenaient une ampleur dramatique et, bien que j'essayais de rester sereine, cette situation m'a alarmée. Sans attendre, j'ai pris mon téléphone et contacté le Docteur Dolera. Heureusement, il a su me rassurer en m'expliquant que ces effets secondaires étaient relativement courants après un tel traitement et qu'ils n'étaient pas préoccupants.

Le Docteur Dolera m'avait prévenu que des crises d'épilepsie pouvaient se manifester. C'était l'un des effets secondaires les plus redoutés du traitement et je devais m'y préparer. En cherchant des informations sur internet, je me suis retrouvée face à des vidéos de chiens en pleine crise d'épilepsie et, honnêtement, je ne pouvais pas imaginer comment j'allais gérer une telle situation si cela arrivait à Iron. Cela me terrifiait et à l'idée de me retrouver impuissante face à une crise me hantait. Pourtant, à ma grande surprise et pour mon plus grand bonheur, jusqu'à ce jour, Iron n'a jamais eu de crises. C'était une véritable bénédiction.

En revanche, un autre aspect du traitement s'est révélé assez contraignant : l'incontinence qui commençait à affecter Iron. Tout comme la maladie de Cushing dont il avait déjà souffert auparavant, cette nouvelle phase accentuait sa soif excessive et il urinait en quantités impressionnantes. Cela devenait un véritable problème, surtout la nuit ou pendant nos absences. À plusieurs reprises, nous retrouvions la maison avec des « accidents » un peu partout, malgré nos précautions.

Finalement, pour préserver notre environnement et le confort d'Iron, nous avons dû investir dans des couches pour chien, une solution certes peu glamour, mais nécessaire pour gérer la situation.

Cependant, malgré ces quelques désagréments, la semaine qui suivit fut marquée par une incroyable surprise : Iron semblait regagner de l'énergie, comme s'il retrouvait une nouvelle jeunesse. Il jouait avec son frère, courait dans le jardin et son comportement était presque méconnaissable. La différence par rapport à son état précédent était frappante. Là où il avait à peine la force de se tenir debout quelques semaines auparavant, il était maintenant alerte et vif. Mon entourage, venu lui rendre visite, n'en revenait pas. Ils étaient stupéfaits de voir à quel point son état s'était amélioré. C'était presque un miracle. Le vieux chien fatigué, dont chaque mouvement semblait un effort surhumain, avait laissé place à un Iron revitalisé, plein de vie.

Onze jours après ce regain d'énergie, nous avons décidé de planifier notre retour en Italie pour la suite du traitement. Cette fois, cependant, nous avions pris une décision importante : nous allions voyager en famille. Organiser ce retour entre nos obligations professionnelles et la gestion des animaux n'a pas été facile, mais nous savions que cela était nécessaire. Nuts, notre autre chien, apportait un soutien émotionnel inestimable à Iron. Leur complicité était telle que je craignais de les séparer. À ma grande surprise, prendre Nuts avec nous fut la meilleure décision possible. Ce petit compagnon espiègle, par sa folie et son énergie débordante, avait un effet apaisant sur Iron. Leur présence mutuelle se traduisait par un réconfort palpable et je me suis rapidement rendu compte à quel point cela contribuait au bien-être d'Iron.

Ainsi, nous voilà prêts à reprendre la route vers l'Italie, plus soudés que jamais, avec une détermination nouvelle et l'espoir de continuer à voir des progrès chez notre cher Iron. Le voyage promettait d'être un nouveau chapitre dans cette aventure médicale et émotionnelle.

Nous étions remplis de confiance et d'espoir à l'idée d'entamer cette deuxième partie du protocole, que nous imaginions être la dernière étape de ce long parcours. Après avoir vu de tels progrès chez Iron, il était naturel de penser que nous approchions enfin du bout du tunnel. Chaque amélioration, chaque signe de vitalité retrouvée renforçait notre optimisme. Nous nous disions que cette fois-ci, nous étions peut-être à l'aube d'une guérison complète, ou du moins, sur le point d'offrir à Iron la meilleure qualité de vie possible, malgré tout ce qu'il avait traversé.

Ce sentiment d'espoir ne nous quittait plus. Nous nous disions que nous avions déjà surmonté tant d'épreuves que cette étape, bien que cruciale, marquait probablement la fin de notre combat contre cette terrible maladie. Nous étions déterminés à poursuivre et prêts à affronter ce nouveau défi, avec l'espoir que bientôt, Iron pourrait vivre ses jours restants sans cette ombre pesante de la maladie qui l'avait tant affaibli.

Épisode 20
Deuxième partie en Italie

Cette fois-ci, nous avions pris la décision de faire le voyage d'une seule traite. Nous avions choisi de partir tard dans la nuit pour arriver au petit matin à destination. Un long trajet d'environ 11 heures nous attendait, sans compter les pauses nécessaires pour nous reposer, ainsi que pour le bien-être des chiens. À l'arrière de la voiture, Iron et Nuts étaient calmes, blottis l'un contre l'autre, partageant la chaleur de leur présence mutuelle. Leur tranquillité nous réconfortait dans ce périple.

Le voyage était épuisant. À mi-chemin, le poids de la fatigue se faisait ressentir. Nous nous sommes arrêtés sur une aire d'autoroute, où nous avons dormi une petite heure, recroquevillés dans la voiture. Ce bref répit, bien que court, nous a permis de retrouver un peu d'énergie pour affronter les dernières heures de route.

À notre arrivée, alors que les premières lueurs du matin perçaient à peine, nous n'avons pas perdu de temps. Iron a été conduit directement pour une nouvelle séance de radiothérapie. Nous commencions à bien connaître la routine. La familiarité avec le personnel et les lieux apportait un certain apaisement, comme si nous faisions désormais partie de cette étrange routine médicale. Nous étions moins angoissés qu'au début, même si la fatigue de la route pesait sur nos épaules.

Nous avions pris la décision de ne pas poursuivre la chimiothérapie pour des raisons financières.

Iron supportait de mieux en mieux les séances de radiothérapie. Bien que les réveils après l'anesthésie soient toujours un peu longs et laborieux, nous nous étions progressivement habitués à ce rythme. Chaque jour, nous apprenions à mieux comprendre son corps, à anticiper ses réactions, et à adapter nos soins et notre attention à son état, d'autant plus que nous avions l'arme secrète du Docteur Malfassi. Le voir somnoler un peu plus longtemps que les autres chiens ne nous angoissaient plus comme au début. C'était devenu presque une routine : attendre patiemment qu'il ouvre doucement les yeux, qu'il se redresse lentement et qu'il reprenne contact avec le monde.

Lorsque la sixième séance fut enfin achevée, nous ressentîmes tous une grande fatigue. Le poids du voyage, cumulé aux émotions de la journée, nous laissait épuisés. Iron, bien qu'encore un peu groggy, avait malgré tout bien réagi. Nous décidâmes alors de ne pas trop traîner dans le centre de radiothérapie et de retourner rapidement à l'auberge, espérant y trouver un peu de réconfort et de repos après cette longue et éprouvante journée.

Sur le chemin du retour, la fatigue semblait peser sur nous plus lourdement encore. Le paysage hivernal défilait doucement par la fenêtre, les collines italiennes légèrement embrumées, créant une atmosphère calme et apaisante. À l'arrière de la voiture, Iron, toujours blotti contre Nuts, somnolait.

Cette fois, nous avions décidé de changer d'hôtel. Le précédent, avec ses chambres glaciales et son atmosphère impersonnelle, ne nous convenait plus. Nous avions trouvé une petite auberge charmante, nichée dans un village pittoresque. Il s'agissait d'un ancien couvent entièrement rénové, géré par une mère et son fils, à seulement 30 ou 40 minutes du centre de radiothérapie. L'auberge, avec ses pierres anciennes et ses écuries d'autrefois, semblait avoir gardé en elle les souvenirs de siècles passés. Une douce odeur d'ambre et de fleurs d'oranger flottait dans l'air, figée par le froid glacial de l'hiver, mais paradoxalement, cet endroit dégageait une chaleur et une quiétude réconfortante.

Dès notre arrivée, l'accueil fut chaleureux. La mère et son fils se souvenaient de nous, de notre premier séjour, et ils avaient préparé avec soin l'une des grandes chambres, afin que nous soyons à l'aise avec les chiens. Ils avaient même pris la peine de prévoir des draps supplémentaires pour que les chiens puissent s'installer confortablement sur les canapés. Des jouets et des gamelles attendaient nos compagnons à quatre pattes, un geste qui, une fois de plus, nous rappelait combien l'Italie était un pays véritablement accueillant pour les animaux.

L'auberge elle-même, nichée dans ce village typique, était un véritable petit bijou. Le paysage environnant était d'une beauté à couper le souffle, avec des vestiges historiques qui se dressaient ici et là, témoins d'un passé ancien. Chaque coin de rue semblait raconter une histoire et, malgré la dureté de l'hiver, ce lieu dégageait une beauté intemporelle ainsi qu'une sérénité dont nous avions désespérément besoin après ces journées éprouvantes.

Nos journées étaient soigneusement rythmées entre les séances de radiothérapie à la fondation et nos nombreux allers-retours à l'auberge. Chaque matin, nous nous levions tôt, chargions les chiens dans la voiture avant de prendre la route en direction de la clinique, le cœur toujours un peu serré à l'idée de ce qui nous attendait. Malgré les progrès d'Iron, son état de santé ne nous permettait pas de profiter pleinement des environs. Bien que nous soyons dans une région riche d'histoire et de beauté, avec ses petits villages typiques et ses paysages pittoresques, nous étions constamment rattrapés par la réalité de son traitement. La priorité restait toujours de veiller sur lui, de s'assurer qu'il allait bien et de répondre à ses besoins avec attention.

Cela limitait forcément nos déplacements et nos envies de découvertes. Nous aurions aimé explorer davantage cette petite ville italienne qui nous accueillait, visiter ses ruelles anciennes, goûter à sa gastronomie locale, ou simplement profiter de la douceur de vivre italienne. Mais la situation ne s'y prêtait pas. Entre les séances de soin et les moments de repos nécessaires à Iron, il était impossible de planifier de véritables sorties. Cependant, nous avons découvert un petit restaurant à deux pas de l'auberge. Là-bas, nous avons eu l'occasion de partager notre histoire avec le responsable de l'établissement. En retour, il nous a parlé avec passion de l'Italie et de sa gastronomie. Curieusement, la barrière de la langue n'était plus un obstacle. À travers des gestes, des sourires et quelques mots partagés, nous avons réussi à créer un véritable échange, chaleureux et authentique. Ces moments nous apportaient un peu de réconfort dans un quotidien marqué par les soins d'Iron et cela nous permettait de nous sentir un peu plus chez nous, malgré la distance.

Face à cette réalité, j'ai décidé de consacrer mes moments de temps libre à quelque chose de plus personnel. Plutôt que de me laisser submerger par l'angoisse ou l'inquiétude, j'ai pris la plume et commencé à écrire. Écrire notre aventure, raconter tout ce que nous traversions, coucher sur le papier les émotions que je ne pouvais toujours pas exprimer. C'était devenu une sorte de thérapie pour moi. L'écriture me permettait de prendre du recul sur ce que nous vivions, de réorganiser mes pensées et de donner un sens à ce parcours si éprouvant.

Chaque mot, chaque phrase écrite devenait un exutoire, un moyen de canaliser l'énergie et les sentiments parfois contradictoires qui me traversaient. L'espoir, l'incertitude, la fatigue et parfois même l'impuissance que je ressentais face à la maladie d'Iron trouvaient une nouvelle forme à travers l'écriture. Ce journal de bord était devenu le témoin silencieux de notre combat, une manière pour moi de garder une trace de chaque petit moment, chaque progrès, chaque défi relevé et surtout, chaque instant d'amour partagé avec Iron. Et aujourd'hui, je vous fais part de mes lignes par cet ouvrage.

Ainsi, entre les allers-retours incessants entre la clinique et l'auberge, entre chaque séance et chaque moment de calme, l'écriture m'offrait une échappatoire. C'était une manière de transformer cette épreuve en quelque chose de plus grand, de plus positif et peut-être aussi, c'était une façon de rendre hommage à la force et à la résilience d'Iron dans cette lutte contre la maladie.

À la suite de la huitième séance, un contrôle IRM a révélé une nouvelle inflammation. Cette découverte a été un véritable coup dur. Autant la première fois, bien que les questions financières aient rapidement émergé, j'avais encore la capacité de trancher instantanément, en prenant en compte la sécurité d'Iron. Mais cette fois-ci, la situation semblait bien plus complexe.

Financièrement, malgré la cagnotte initiale, envisager un nouvel aller-retour en Italie devenait presque impossible. Il ne restait que deux séances et je me retrouvais face à un dilemme : devais-je prendre le risque d'interrompre le traitement si proche du but ?

Ce que je n'avais pas anticipé, c'était le coût global de ce périple. Le trajet, l'hébergement, même la simple nécessité de se nourrir sur place, représentaient un véritable budget. Et pourtant, nous avions fait le choix de rester dans des options simples : une auberge sans luxe, pas de restaurants à répétition et la plupart du temps, j'improvisais un repas avec quelques petites choses achetées à l'épicerie du coin, juste le strict minimum. Malgré cela, toutes ces petites dépenses « annexes » finissaient par peser lourd sur nos finances.

Après mûre réflexion, la sagesse a finalement pris le dessus et j'ai pris la décision d'interrompre le traitement afin de laisser le temps à l'inflammation de se résorber. J'ai réalisé qu'il était plus prudent de ne pas forcer les choses à ce stade. Je préférais attendre que l'état d'Iron se stabilise avant de réévaluer les différentes options qui s'offraient à nous pour la suite.

Nous sommes alors repartis à Paris.

Épisode 21
Période de doutes

Sur le chemin du retour, nous étions envahis de doutes. Épuisés, nous avons pris la route vers Paris avec un poids sur les épaules. Je ne savais pas si j'allais pouvoir poursuivre le traitement d'Iron. Un dilemme constant me tiraillait : l'exigence que j'avais pour sa santé face aux contraintes financières. Au départ, j'avais prévu de réaliser tout le traitement en une seule fois, mais j'avais dû m'adapter et l'étendre à deux phases. Cependant, l'idée d'envisager de le faire en trois, voire quatre fois, n'avait jamais été anticipée.

Ce sentiment d'incertitude m'a poussée à partager la situation sur les réseaux sociaux dédiés à Iron. Non pas dans l'espoir de recevoir une réponse précise, car au fond, la décision finale m'appartenait, mais pour exprimer mes doutes, mes victoires et mes angoisses. Pouvoir échanger avec des personnes bienveillantes m'a permis d'y voir plus clair. Parler de mes doutes, tout comme de mes petits succès, a créé une sorte de soutien moral, une force collective. Finalement, ce partage m'a apporté plus de réconfort et de clarté que je n'aurais pu l'imaginer.

C'est avec une grande hésitation et un mélange de gêne que j'ai décidé de lancer une nouvelle cagnotte en ligne. Une fois de plus, les abonnés d'Iron ont répondu présents, avec un soutien incroyable. Grâce à leur générosité, nous avons pu récolter les 5.000 euros manquants, nous permettant de poursuivre et d'achever ce long voyage.

L'une des véritables forces de ce combat a été la communauté autour d'Iron. Sans leur aide inestimable, je n'aurais jamais été capable de lui offrir toutes ces chances. Ce soutien constant m'a permis non seulement de continuer à me battre pour lui, mais aussi de croire qu'il y avait toujours de l'espoir, même dans les moments les plus difficiles.

Je ne pourrai jamais critiquer les réseaux sociaux, car malgré leurs aspects parfois néfastes et les nombreuses conséquences négatives qu'ils peuvent avoir sur nos vies, dans mon cas, ils ont littéralement sauvé la vie d'Iron.

Bien sûr, il est vrai que les réseaux sociaux peuvent engendrer des comparaisons toxiques, de l'anxiété et une certaine forme de déconnexion avec la réalité. Mais au-delà de ces effets indésirables, ils ont également la capacité de créer des liens puissants et inattendus. Ils permettent de rassembler des communautés, de partager des histoires et d'apporter un soutien incroyable, même venant de personnes que l'on n'a jamais rencontrées physiquement.

Dans mon cas, les réseaux sociaux ont joué un rôle vital. C'est grâce à cette immense chaîne de solidarité que j'ai pu financer le traitement d'Iron, un traitement qui, sans leur aide, aurait été tout simplement impossible à envisager. Cette communauté virtuelle est devenue une véritable force dans mon combat pour lui. À chaque étape, chaque moment de doute, les abonnés étaient là, avec leurs encouragements, leurs messages d'amour et surtout, leur générosité. Les réseaux sociaux, souvent décriés, ont révélé dans mon expérience leur immense pouvoir de rassemblement et d'entraide. Sans eux, je n'aurais jamais pu offrir à Iron cette chance de survie. Cela montre que, malgré les défauts évidents de ces plateformes, elles peuvent parfois être un outil de bienveillance et de solidarité extraordinaire, quand elles sont utilisées à bon escient. Pour cela, je ne pourrai jamais les voir autrement que comme un facteur positif dans mon parcours.

Quinze jours après notre retour en France, j'ai pris contact avec la fondation pour planifier les deux dernières séances de radiothérapie d'Iron. C'est alors qu'un nouveau coup de massue nous est tombé dessus : l'appareil de radiothérapie était en panne et aucune date de réparation n'était fixée. C'était la panique ! Comment allions-nous faire ? Chaque voyage était une véritable organisation, entre nos animaux à la maison et nos obligations professionnelles. Je me posais mille questions : et si la tumeur recommençait à grossir ? Et si tous nos efforts étaient vains ? Quand est-ce que la machine sera réparée ?

Pendant ce temps, à la maison, Iron semblait aller bien, malgré ses problèmes d'incontinence qui persistaient. Il mangeait avec appétit, jouait et paraissait même avoir pris du poids. Nous utilisions la méthode de la balance : d'abord, je me pesais toute seule, puis je le prenais dans mes bras et la différence entre ces deux pesées nous donnait son poids. Iron pesait à peine 23 kg avant le traitement et par la suite, il en faisait 26. Sa vision semblait s'améliorer, il était plus réactif et interagissait plus avec Nuts.

Finalement, après un mois d'attente, nous avons obtenu une nouvelle date pour retourner en Italie. Mais l'organisation était compliquée cette fois-ci, surtout pour mon conjoint qui ne pouvait pas se permettre de s'absenter en pleine semaine en raison de ses engagements professionnels. Pour ma part, en tant qu'artiste, j'ai pu m'adapter plus facilement. Nous sommes partis avec la conscience que, même si nous avions prévu deux séances, il était possible que nous ne puissions en réaliser qu'une seule.

Nous avions pris la route de nuit pour arriver tôt le matin et réaliser la séance de radiothérapie. Iron se réveillait plus rapidement que d'habitude, ce qui nous rassurait. Mais cette fois, c'est moi qui ai flanché. Peut-être à cause de l'accumulation de stress et de fatigue, j'ai fait un malaise au centre. Comme si le poids de tout ce stress était trop lourd à supporter pour mon corps. Mais rien de grave. Au bout de quelques minutes, j'ai repris connaissance et recentré mon attention sur Iron.

Le Docteur Dolera nous a alors expliqué qu'il était absolument nécessaire de séparer les deux dernières séances pour la sécurité d'Iron. Enchaîner les deux traitements aurait pu s'avérer trop risqué pour lui. L'idée de devoir patienter au moins trois jours avant de réaliser la dernière séance était devenue un véritable casse-tête logistique pour nous.

Nous étions pris entre l'épuisement, l'impossibilité de rester plus longtemps en Italie et la crainte de ne pas réussir à offrir à Iron la fin de son traitement. Mais nous l'avons fait. Si proches du but, nous avons pris la décision de faire un dernier voyage.

Épisode 22
Dernière séance et verdict final

Le 6 mai 2023 marque la dernière séance de radiothérapie d'Iron. C'était avec un mélange de nostalgie et de soulagement que nous réalisions que c'était la dernière fois que nous franchissions les portes de la fondation Cittadina.

C'était la dernière fois que nous verrions ce contraste saisissant entre le moderne et l'ancien, ce paradoxe fascinant qui définissait la fondation Cittadina. Un lieu à la fois mystérieux et presque magique, où l'histoire se mêle à la technologie de pointe. Chaque mur, chaque couloir, semblait raconter une histoire ancienne, tandis que les machines de radiothérapie, avec leurs bras mécaniques et leur précision chirurgicale, représentaient le summum de la médecine moderne.

Je me souviens de ma première visite ici, l'appréhension et la peur qui m'étreignaient face à l'inconnu. Mais au fil des jours, cette angoisse s'était peu à peu transformée en un attachement profond pour cet endroit. Ce lieu, qui au départ m'intimidait, était devenu une sorte de refuge, un endroit où j'ai trouvé espoir et réconfort dans l'adversité. Chaque pierre, chaque recoin étaient maintenant chargés de souvenirs, de moments d'inquiétude, de soulagement, de petits miracles et de grandes victoires.

Au fond de nous, nous ressentions une grande satisfaction à l'idée que le traitement touchait à sa fin, mais une part de nous restait attachée à ce lieu, à ces personnes qui avaient tant fait pour Iron.

L'hiver rigide et glacé avait lentement cédé la place au printemps doux et coloré. Ce paysage figé par le froid, que nous avions découvert lors de nos premières visites, semblait désormais renaître. La Fondation Cittadina, autrefois enveloppée dans une froideur presque austère, s'était transformée en un havre de vie et de couleurs. Les fleurs qui avaient éclos de tous côtés apportaient des touches éclatantes donnant une nouvelle âme à ce lieu si chargé d'émotions pour nous. Il semblait y avoir une sorte de parallèle presque mythique entre la transformation de la nature environnante et l'évolution de la santé d'Iron. Comme si, tout autour de nous, la renaissance de la nature symbolisait le combat de mon chien pour revenir à la vie. L'hiver, froid et impitoyable, représentait la menace constante de la maladie, une présence palpable de la mort qui semblait guetter à chaque coin. Iron, affaibli et vulnérable, traversait cet hiver comme s'il luttait pour survivre à une bataille invisible.

Mais avec le retour du printemps, tout avait changé. La nature renaissait et à chaque fleur qui s'ouvrait, à chaque rayon de soleil qui perçait à travers les nuages, c'était comme si Iron lui-même retrouvait peu à peu une nouvelle vitalité. Il y avait quelque chose de presque mystique dans cette symbiose entre l'environnement et l'état d'Iron. Le froid, la stérilité et la menace de la mort avaient fait place à la chaleur, aux couleurs et à une promesse de vie renouvelée.

Tout cela nous touchait profondément. La renaissance de la nature autour de la fondation devenait pour nous un symbole d'espoir. Iron, notre fidèle compagnon, semblait suivre ce même cycle, passant de la fragilité et de la lutte à une forme de résilience et de renouveau. La symbolique de cette transformation, ce parallèle entre la terre qui se réveillait et la santé d'Iron qui s'améliorait, n'était pas perdue pour nous. C'était comme si la vie elle-même, à travers ce paysage en floraison, nous montrait que la mort n'était pas une fatalité et que l'espoir, toujours, pouvait renaître.

Le soleil perçait à travers les bâtiments, illuminant chaque recoin, faisant briller les murs de pierre et projetant des jeux de lumière dans les couloirs. La Cittadina, autrefois austère sous les brumes hivernales, rayonnait à présent, vibrante de vitalité. Cette transition de saison reflétait en quelque sorte notre propre parcours : nous étions arrivés dans un hiver d'incertitude et de peur, mais nous repartions au printemps, avec une lumière nouvelle dans le cœur et des souvenirs pleins de gratitude.

Les arbres, encore nus quelques mois auparavant, se couvraient désormais de feuilles vertes et une douce brise portait avec elle le parfum des fleurs fraîchement écloses. Chaque recoin de ce lieu, autrefois empreint de gravité, semblait désormais habité par une certaine légèreté.

Nelly et le Docteur Malfassi avec lesquels nous avions partagé l'histoire d'Iron et fait découvrir sa communauté en ligne, me proposèrent d'assister à l'installation avant la séance de radiothérapie. Cela me permettait de voir de plus près ce que nous avions vécu à distance pendant toutes ces semaines.

Iron était allongé sur le ventre, son corps entièrement maintenu par des sangles pour éviter tout mouvement. Sa gueule était ouverte et maintenue ainsi grâce à une cale en bois, car il était intubé pour la séance. C'était impressionnant de voir cette machine avec plusieurs bras mécaniques graviter autour de lui, d'une précision redoutable. Une fois la procédure lancée, j'ai été invitée à sortir de la pièce pour ma sécurité, mais j'ai pu regarder via la caméra de surveillance le reste du protocole, car assister à la radiothérapie elle-même aurait été trop dangereux avec les radiations. La séance dura environ 15 minutes.

Après cette ultime séance, le Docteur Dolera avait réalisé une dernière IRM pour évaluer les résultats du traitement. Comme à son habitude, il nous a rejoints d'un pas rapide, semblant toujours pressé, sans laisser transparaître beaucoup d'émotions. Malgré son apparente froideur, il était impressionnant par son assurance. Il nous a expliqué que 90 % de la tumeur était désormais nécrosée, un signe que le traitement avait été un véritable succès. Ses paroles étaient directes, presque détachées, mais elles ont eu un effet apaisant. Son manque d'émotion n'était pas mal perçu, au contraire, il nous inspirait confiance par son professionnalisme et son charisme.

Il nous a informés également que les rayons continueront leur travail dans les mois à venir, car les effets de la radiothérapie ne s'arrêtaient pas immédiatement. Cela m'a rassurée de savoir que, même après cette dernière séance, le traitement se poursuivra, en quelque sorte.

Alors, nous nous sommes tous regardés une dernière fois. Comment remercier des personnes qui ont contribué à sauver la vie de l'être qui m'est le plus cher ? Comment trouver les mots justes face à des gens qui ont rendu possible ce qui me paraissait hors de portée ? Non seulement ils ont aidé Iron à se battre contre sa maladie, mais ils ont aussi apaisé mes peurs et mes incertitudes à chaque étape de ce long parcours.

Aussi, avant de repartir des lieux, je remercie le Docteur Dolera pour son expertise clinique, son assurance presque stoïque qui nous a souvent rassurés. Je remercie le Docteur Malfassi, que nous avons affectueusement surnommé « Wilson ». Je le remercie pour sa gentillesse et son approche humaine, et pour avoir partagé avec nous les coulisses de cette technologie impressionnante. Je remercie Nancy pour sa douceur et son attention inestimable envers Iron. Je remercie toute l'équipe de la Fondation Cittadina pour leur professionnalisme et leur bienveillance, et pour avoir fait de cet endroit bien plus qu'un simple centre de traitement. C'était un lieu où nous nous sommes sentis compris, où chaque membre du personnel a joué un rôle dans ce combat.

J'ai pris le temps de remercier chaque personne individuellement, mais les mots semblaient si petits face à l'immensité de ma gratitude. Ce qu'ils ont fait pour Iron dépassait ce que j'aurais pu espérer et je me suis rendu compte que rien ne pouvait réellement exprimer ce que je ressentais. Chaque « merci » prononcé paraissait dérisoire, mais il était chargé d'émotions, de reconnaissance profonde.

Nous échangions des au revoir, bien que dans nos cœurs, nous savions tous que c'étaient des adieux définitifs. Ce moment était empreint de solennité, de nostalgie, car il marquait la fin d'une aventure à la fois éprouvante et remplie d'espoir.

Nous avons quitté cet endroit avec le cœur plus léger, rempli de souvenirs inoubliables. Nous avons quitté la fondation avec un mélange de gratitude et de fierté d'avoir mené Iron à travers cette épreuve.

En traversant une dernière fois ces portes, je réalisais que cet endroit ne serait plus seulement un centre médical à mes yeux. Il était devenu une partie de notre histoire, de celle d'Iron. C'était ici que nous avions mené ce combat, c'était ici que nous avions partagé des instants cruciaux avec des inconnus devenus des alliés. Ce lieu restera gravé dans ma mémoire, avec toute la gratitude que je lui porte encore aujourd'hui, pour avoir offert à Iron une chance que je n'aurais jamais imaginée au départ.

Je n'oublierai pas non plus cette auberge si accueillante qui portait ce nom que je n'arrivais pas à prononcer « Agriturismo Padernello » ni l'Italie elle-même, qui nous a ouvert ses bras dans ce moment de tourmente. Je les remercie pour cet accueil chaleureux, pour cette hospitalité et pour avoir fait en sorte que nous ne nous sentions jamais seuls.

Sur la route du retour, un sentiment de fierté m'a envahi, une fierté immense d'avoir traversé cette aventure en famille. Mon conjoint m'a apporté un soutien incommensurable tout au long de ce parcours semé d'embûches et, sans lui, je n'aurais jamais pu faire face à tant de défis. Mon entourage, lui aussi, a été d'une présence précieuse, à chaque étape de cette bataille. Et puis, il y a tous ces inconnus, ces milliers de personnes avec qui j'ai eu la chance de partager cette histoire, cette lutte pour la vie d'Iron.

Cette aventure, avec toutes ses épreuves, nous a profondément unis. Elle a créé des liens indéfectibles, gravés à jamais dans nos cœurs. Pour moi, c'est un moment d'éternité. Ce n'est pas juste une victoire contre la maladie, mais une victoire humaine, une histoire de solidarité, de courage et d'amour.

Je n'ai pu retenir mes larmes en repensant à ces premiers jours sombres où il ne lui restait que quelques semaines à vivre. Et pourtant, six mois plus tard, Iron est là, en rémission, vivant et vibrant de cette énergie que je croyais perdue. Suis-je enfin parvenue à gagner cette guerre ? Seul le temps pourra réellement me le dire.

Mais à cet instant, dans cette voiture, Iron endormi à l'arrière et l'espoir qui remplit l'air que nous respirions, je me sens comme victorieuse. Nous avons traversé l'enfer et en sommes ressortis plus forts, ensemble. Et cette pensée me suffit pour savourer ce moment de paix, après tant de tourments.

Épisode 23

1 an après…

Le docteur Dolera m'a bien avertie qu'une rechute était toujours possible. Le cancer est une maladie insidieuse, parfois bien plus résistante qu'on ne le pense. Alors, allongée dans l'herbe, je laisse mes pensées voguer à travers les épreuves que nous avons surmontées. Je ferme les yeux et dans ma tête se dessine cette image lumineuse : Iron courant à travers les herbes hautes, baigné d'une lumière dorée, la gueule ouverte, arborant un large sourire. Il court vers moi et je l'accueille à bras ouverts… C'est ainsi que je m'imagine Iron, un jour, au paradis, libre, débarrassé de toute souffrance.

Mais, ce n'est pas qu'une simple vision, c'est la réalité. Ici et maintenant, Iron est allongé juste à mes côtés, dans cette même herbe et, ensemble, nous repensons à la vie. Aujourd'hui encore, Iron court dans le jardin, plein de vitalité. Quand je l'appelle pour manger, il accourt à toute vitesse dès qu'il entend son nom, tout excité à l'idée de recevoir sa gamelle.

Iron est vivant, présent et chaque instant avec lui me rappelle à quel point j'ai eu de la chance de l'avoir à mes côtés dans cette bataille.

Je saisis doucement sa patte et il me regarde avec ses yeux si expressifs. Ce regard, c'est comme s'il me disait « merci ». Et moi aussi, du fond du cœur, je lui dis merci. Nous avons traversé cette aventure ensemble, en famille, mais aujourd'hui, la suite de l'histoire se poursuit, juste lui et moi. Tant de personnes ont joué un rôle dans cette aventure, m'ont enveloppée de bienveillance et d'amour que sans elles je n'aurais jamais pu tenir. Je leur suis infiniment reconnaissante. C'est avec cette gratitude profonde que je continue d'avancer, un pas après l'autre, sur ce chemin lumineux qui s'ouvre devant nous.

La vie, avec ses détours imprévus, nous bouscule parfois et nous surprend, mais elle a aussi cette capacité à nous redonner de l'espoir. Malgré les changements et les incertitudes, Iron et moi sommes encore là, ensemble, et c'est tout ce qui compte.

On parle de rémission du cancer lorsque, après un an ou plus, aucune cellule cancéreuse n'est détectée dans l'organisme. Et Iron a franchi cette étape. Il a regagné les 8 kilos qu'il avait perdus. Oui, c'est un vieux chien maintenant, un peu amaigri par les combats qu'il a dû mener, mais il est en « pleine forme », aussi énergique et joyeux qu'avant que tout cela ne commence. Contre toute attente, il a vaincu ce terrible cancer. Iron est l'un des premiers chiens à avoir survécu à une tumeur cérébrale de la taille d'une pièce de deux euros, un combat qui semblait presque perdu d'avance. Son pronostic vital était si sombre à l'époque.

Pourtant à l'heure où j'écris ces dernières lignes en septembre 2024, Iron est toujours à mes côtés, bien vivant.

Épilogue

À toi, Iron. À vous. À tous ceux qui aiment leurs animaux.

À tous ces êtres vivants qui partagent nos vies et remplissent notre quotidien.

Quelques mois après avoir terminé l'écriture de ce livre, c'est le cœur lourd que je vous annonce qu'Iron est atteint d'un nouveau cancer. Une nouvelle tumeur. Indépendante de la première. Plus agressive encore…

Depuis plusieurs semaines, son état décline. On m'a évoqué des hypothèses en cascade. J'ai multiplié les examens pour écarter celle que je redoutais le plus. Mais au fond, je savais. J'ai repoussé l'IRM cérébrale, comme si retarder l'évidence pouvait la faire disparaître.

Je ne voulais pas entendre à nouveau ce mot : « cancer ». Et quand je me suis enfin résignée à passer l'examen, je l'avais déjà répété des centaines de fois dans ma tête, comme pour m'y préparer. Alors, quand la vétérinaire m'a annoncé le compte-rendu, ses mots ont simplement résonné comme l'écho des miens. Je le savais au fond de moi. En réalité, nous avions gagné un combat, mais nous n'avions pas gagné la guerre.

Iron a un nouveau cancer.

Parfois, la vie s'acharne.

J'ai ressenti de la colère.

De la tristesse.

De la peur.

Aujourd'hui, j'accepte. Non pas parce que je n'avais pas accepté la première fois, mais parce que cette fois, c'est différent.

Je le vois dans ses yeux.

Il ne veut plus se battre.

Il veut partir en douceur, pour que ce ne soit pas trop violent.

Pour moi et pour ce lien qui nous unit.

Pas pour fuir, mais pour que ce ne soit pas trop brutal.

Ni pour lui. Ni pour moi.

Ni pour ce lien qu'on a tissé, jour après jour, année après année.

Ses yeux me parlent. Ils disent : « Ça va aller. »

La radiothérapie n'est plus une option. Elle causerait des séquelles irréversibles. Et dans ce cas, ce ne serait plus le soigner, ce serait s'acharner. Et je ne lui ferais jamais subir cela.

Alors, j'ai pris une décision : l'accompagner.

Ce n'est plus son combat, c'est le mien.

Je tiens à souligner une chose importante : ce n'est pas un échec. Iron a guéri une première fois. Il a vaincu un cancer. L'Italie m'a appris et apporté énormément de choses. La science progresse, pour les animaux comme pour les humains. Et il faut le voir comme une victoire. Moi, je le vois ainsi. La vie m'a offert 2 belles années supplémentaires avec Iron.

J'aimerais aussi parler d'un sujet qui me tient à cœur : le palliatif. C'est accompagner son animal avec soin et amour, jusqu'à la fin.

Et c'est dur.

Je vois la mort gagner.

Ce n'est pas un acte égoïste. La mort fait partie de la vie. C'est plus dur que je ne l'imaginais, parce que je le vois s'éteindre un peu plus chaque jour. Mais je veille sur lui, comme lui a veillé sur moi.

Il ne faut pas confondre souffrir et mourir.

Iron se meurt. Mais il ne souffre pas.

Il est suivi, entouré, respecté. Et si un jour il souffrait, je serais la première à écourter ses souffrances.

En deux ans, j'ai traversé beaucoup d'étapes personnelles. Et il était là. Toujours là.

On a revu la neige. On a revu la mer. On a déménagé, voyagé. J'ai repris le travail, mon métier de réalisatrice. J'ai même tourné un film sur Iron, qui a rencontré un véritable succès et qui a pour titre « Le dernier voyage d'un Héros », un court-métrage qui, en deux minutes, résume douze années de bienveillance qu'Iron a semées sur cette terre. Un film qui a rencontré un véritable succès, parce qu'il est le reflet sincère de ce qu'il a été.

Et sans ce surplus de temps qui nous a été offert, je ne sais pas si j'aurais eu la force de traverser seule tout cela.

Je ne sais pas si ce livre paraîtra avant qu'il ne déploie ses ailes d'ange gardien.

J'aimerais le garder avec moi pour toujours, mais je ne le peux pas.

Pendant que j'écris ces mots dans le train, direction Paris, Iron est couché à mes pieds. On rentre à la maison. Sûrement son dernier voyage. Il est fatigué, mais il ne souffre pas. Son souffle chaud m'effleure encore, son petit corps amaigri est toujours là.

Et j'ai peur. Honnêtement, j'ai très peur. Douze ans de ma vie partagés avec lui.

Qui suis-je vraiment sans lui ? Que vais-je faire sans lui ?

Il va terriblement me manquer. Et vous aussi, vous me manquerez.

Iron restera le chien de ma vie.

Mais il aura aussi marqué la vie de milliers de personnes.

Car au fond, Iron, c'est mon chien, mais c'est aussi un peu le chien de tout le monde.

Tout cela, je vous le dois. À vous, à mes proches, à tous ceux qui ont cru en nous, qui m'ont soutenue et qui m'ont aidée à offrir à Iron cette chance de vivre. Alors, du fond de mon cœur, merci.

Iron, c'est le héros de mon film, c'est le héros de mon livre, mais c'est avant tout, le héros de ma vie.

Remerciements

Je tiens à remercier profondément mon entourage, mes proches et mes amis. Votre soutien, votre patience et votre bienveillance m'ont portée tout au long de l'écriture de ce livre — un projet intime, parfois douloureux et loin d'être simple à mener. Merci d'avoir été là dans les moments de doute, de découragement et d'avoir cru en cette histoire, en moi, jusqu'à sa concrétisation. Je remercie également, du fond du cœur, ma communauté. Vous avez été d'un soutien inestimable à travers toutes les épreuves vécues aux côtés d'Iron. Vos mots, vos messages, votre présence silencieuse ou active m'ont portée bien plus que vous ne pouvez l'imaginer. Ce livre est aussi le vôtre, car vous en avez suivi chaque battement, chaque souffle, chaque combat. Je souhaite remercier tout particulièrement Lhattie Haniel, qui m'a offert son temps, son énergie et son expertise professionnelle avec une générosité rare. Grâce à elle, chaque mot a été relu, affiné, pesé avec soin. Elle a su m'accompagner avec rigueur et douceur, et sans elle, ce livre n'aurait peut-être jamais vu le jour dans sa forme actuelle. Merci pour ta patience, ton implication et ta confiance. Enfin, merci à Iron. Merci d'avoir partagé douze années de ma vie. Merci pour ta force, ta lumière, ton amour sans condition. Tu es le héros de ma vie. Et je serai, pour toujours, l'héroïne de la tienne.

À propos de l'auteur

Je m'appelle Eva DIA et je suis issue d'une union franco-sénégalaise, comme mon patronyme le laisse deviner. Depuis mon plus jeune âge, l'art a toujours occupé une place centrale dans ma vie. Je suis une artiste dans l'âme, passionnée d'écriture, de dessin, de théâtre et de cinéma.

Au lycée, j'ai suivi un cursus théâtral durant lequel je me suis découvert une passion pour la photographie et la vidéo, tout d'abord en tant que modèle. En 2010, j'ai intégré une prestigieuse école de cinéma avec le rêve de devenir actrice. Finalement, c'est la réalisation qui a capturé mon cœur et, en 2013, j'ai obtenu mon diplôme en étant major de ma promotion.

Depuis, j'ai eu la chance de remporter de nombreux prix en réalisation, devenant même la plus jeune réalisatrice primée en publicité. Mes films, engagés et percutants, ont marqué les esprits et ont été sélectionnés dans des festivals prestigieux, dont celui de Cannes. Je poursuis ce chemin avec passion, en collaborant avec de nombreux artistes et en explorant des thématiques fortes à travers mon travail.

En parallèle, depuis toujours, je suis une amoureuse inconditionnelle des animaux. J'ai souvent lié mon travail à la défense des animaux. Cette cause me tient profondément à cœur. J'ai eu l'opportunité de réaliser de nombreux projets vidéo pour de grandes associations reconnues.

En 2013, l'arrivée de mon chien Iron a marqué un tournant décisif dans ma vie. Iron a renforcé mon engagement pour cette cause et m'a inspirée pour la création de l'association *Gueules d'Anges* en 2014, qui est aujourd'hui mondialement reconnue.

Dix ans plus tard, je rends hommage à Iron à travers mon livre *Iron, un combat pour la vie*. Ce chien a incarné pour moi la force et la résilience. Son parcours, ses épreuves et sa leçon de vie continuent d'inspirer mon combat et mes réalisations.